Eduard Mörike

Das Stuttgarter Hutzelmännlein

Märchen

Impressum

Das Märchen vom Stuttgarter Hutzelmännlein erschien zuerst 1852. Autor ist Eduard Mörike.

Digitalisiert wurde die Geschichte 2021 durch Frank Kemper (FrankKemper@Web.de), dabei wurde die Originale Schreibweise beibehalten.

Mehr Informationen zu Eduard Möike auf den nächsten Seiten.

Bibliografische Information der Deutschen Nationalbibliothek:
Die Deutsche Nationalbibliothek verzeichnet diese Publikation in der Deutschen Nationalbibliografie; detaillierte bibliografische Daten sind im Internet über http://dnb.dnb.de abrufbar.

Herstellung und Verlag: BoD – Books on Demand, Norderstedt

ISBN: 9-783-7557-3447-5

Eduard Mörike

Eduard Mörike, namhafter Dichter. geb. 8. Sept. 1804 in
Ludwigsburg, gest. 4. Juni 1875 in Stuttgart, empfing seine
Gymnasialbildung im Seminar zu Urach und studierte dann
Theologie in Tübingen, wo er sich mit Ludw. Bauer, Strauß u.a.
eng befreundete. Als Dichter trat er zuerst mit dem poetisch
reichen Roman „Maler Nolten" (Stuttg. 1832; 2. umgearbeitete
Aufl. 1877; 7. Abdruck derselben 1904) hervor, der mit seiner
Darstellung weit über den allgemeinen Lebens- und
Stimmungsgehalt der schwäbischen Dichterschule
hinauswuchs. Nachdem M. als Pfarrgehilfe an einigen Orten
Württembergs tätig gewesen, erhielt er 1834 die Pfarrstelle zu
Kleversulzbach bei Weinsberg, die er bis 1843 bekleidete.
Krankheit zwang ihn, sein Amt niederzulegen; er lebte hierauf
einige Jahre hindurch als Privatgelehrter in Mergentheim. 1851
siedelte er nach Stuttgart über, übernahm hier eine
Lehrerstelle am Katharinenstift, die sehr geringe
Anforderungen an ihn stellte, und trat 1866 in den Ruhestand.
Seine letzten Lebensjahre waren durch häusliche Verhältnisse,
an denen seine schwerblütige Natur viel Schuld trug, getrübt;
auffallend war auch in Mörikes bessern Jahren sein Mangel an
Aktivität. Das bedeutendste Werk dieses eigentümlichen, unter
den nachgoetheschen Lyrikern mit an erster Stelle stehenden
Dichters war und blieb die Sammlung seiner „Gedichte"
(Stuttg. 1838, 22. Aufl. 1905). Ihr Wert beruht auf der
vollendeten, auch vom leisesten Zuge der Abstraktion oder
falschen Rhetorik freien Unmittelbarkeit des Gefühls, der tiefen
Innerlichkeit, volkstümlichen Schlichtheit, lebendigen
Anschauung und sein abgestimmten Form. Gedichte wie „Der
alte Turmhahn", „Schön Rohtraut", „Das verlassene Mädchen"

u.a. gehören zu den vollendetsten der deutschen Literatur; viele sind durch Hugo Wolf genial vertont. Reizende Einzelheiten weisen auch „Das Stuttgarter Hutzelmännlein", Märchen (Stuttg. 1852), woraus die „Historie von der schönen Lau" später mit 7 Umrissen von Schwind (das. 1873) erschien, das „Idyll vom Bodensee", in 7 Gesängen (das. 1846), die Novellen: „Mozart auf der Reise nach Prag" (das. 1856, 9. Aufl. 1905), „Der Schatz" und „Lucie Gelmeroth" u.a. auf, die in den „Gesammelten Erzählungen" (7. Aufl., Leipz. 1904) vereint wurden. M. gab außerdem eine Übersetzung von Theokrits Idyllen (mit Notter, Stuttg. 1853 - 56) und des Anakreon (das. 1864) heraus.

Aus dem Meyers Lexikon, 7. Auflage (1927)

Das Stuttgarter Hutzelmännlein

Das
Stuttgarter
Hutzelmännlein
Märchen
von
Eduard Mörike

Bilder und Buchschmuck
von
H. Stockmann
(Dachau)

Bei G. W. Dietrich in München.

Kapitel 1

Ein Kobold gut bin ich bekannt
In dieser Stadt und weit im Land;
Meines Handwerks ein Schuster war
Gewiß vor siebenhundert Jahr.
Das Hutzelbrot ich hab' erdacht,
Auch viel seltsame Streich' gemacht.

Wohl vor fünfhundert und mehr Jahren, zu denen Zeiten, als
Graf Eberhard von Württemberg, ein tapferer Kriegsheld und
ruhmvoller Herr, nach langen, schrecklichen Fehden mit des
deutschen Reichs Häuptern, mit dem Habsburger Rudolf und
dessen Nachfolgern, zumal auch mit den Städten, das
Schwabenland nun wieder zu Ruh' und Frieden kommen ließ,
befand sich in Stuttgart ein Schustergesell, namens Seppe, bei
einem Meister, der ihm nicht gefiel, deshalb er ihm aufsagte;
und weil er nie gar weit vor seine Vaterstadt hinaus
gekommen, nicht Eltern noch Geschwister mehr hatte, so war
er jetzt willens zu wandern.

Die letzte Nacht, bevor er reiste, saß er allein in der
Gesellenkammer auf (die andern waren noch beim Wein oder
sonst zu Besuch); sein Ranzen lag geschnürt vor ihm, sein
Wanderstab daneben, der hübsche Bursche aber hing den Kopf
- er wußte nicht so recht, warum - und auf dem Tisch die
Ampel brannte einen großen, großen Butzen. Indem er jetzt
aufschaute und nach dem Klämmchen griff, dem Fochen zu
helfen, sah er auf seiner leeren Truhe ein fremdes Männlein
sitzen, kurz und stumpig, es hätte ihm nicht bis zum Gürtel
gereicht. Es hatte ein schmutziges Schurzfell um, Pantoffeln an
den Füßen, pechschwarze Haare, dazu aber hellblaue,
freundliche Augen.

„Gott grüß dich, Seppel Kennst mich nit? Ich bin der Pechschwitzer, das Hutzelmännlein, der Tröster. Ich weiß, du bist ein braves Burgerskind, sorgst immerdar für anderer Leute Fußwerk und gehst doch selbst nicht auf dem besten Zeug. Da du nun morgen reisen willst, so hab' ich dir statt einem Wanderpfennig etwas mitgebracht von meiner eigenen Arbeit: sind Glücksschuh', zwei Paar, schau her! Die einen legst du an, gleich morgen; sie ziehen sich nach dem Fuß und reißen nicht dein Leben lang; die andern aber nimm und stell' sie unterwegs an eine Straße, versteh' mich, unbeschrien, wo niemand zusieht! Vielleicht, daß dir dein Glück nach Jahr und Tag einmal auf Füßen begegnet. Auch hast du hier noch obendrein etwas zum Naschen, ein Laiblein Hutzelbrot.

So viel du davon schneid'st, so viel wachst immer wieder nach im Ranzen oder Kasten, wenn du auch nur ein Ränstlein fingersbreit übrig behältst. Ganz sollt du's nie aufzehren, sonst ist es gar. Behüt' dich Gott, und tu' in allen, wie ich sagte! Noch eins: kommst du etwa ins Oberland, Ulm zu und gen Blaubeuren, und find'st von ungefähr ein Klötzlein Blei, nimm es zuhanden und bring's mir!" - Der Seppe versprach's und dankte geziemend für alles; das Männlein aber war in einem Hui verschwunden.

Nun jauchzte der Geselle überlaut, beschmeckte bald das Brot, beschaute bald die zwei Paar Schuhe. Sie sahen ziemlich aus, wie er sie selber machte, nur daß sie feine, wunderliche Stiche hatten und hübsch mit einem zarten, roten Leder ausgefüttert waren. Er zog sie an, spazierte so ein dutzendmal die Kammer auf und ab, da ihm denn in der Kürze freilich nichts Besonderes von Glück passieren wollte. Danach ging er zu Bett und schlief, bis der Morgen rot wurde. Da deucht' es ihn, als wenn ihm jemand klopfte, zwei-, dreimal, recht vernehmlich, daß er jählings erwachte. Die andern hörten's auch, doch schliefen sie gleich wieder ein. Das haben meine vier Rappen getan! dachte er und horchte hin, allein es rührte und regte sich nichts mehr.

Als er nun fix und fertig angezogen stand und gar vergnügt auf seine Füße niedersah, sprach er: „Jetzt laufen wir dem Teufel ein Bein weg! Jetzt tausche ich mit keinem Grafen!" - Wohl und gut; nur eine Kleinigkeit hat er versehen: er hat den einen Schuh von seinem Paar mit dem einen vom andern verwechselt. Ach, wer ihm das gesagt hätte!

So schlich er denn leis die Stiege hinunter, die Meistersleute nicht zu wecken; denn Abschied hatte er gestern genommen, und statt der Suppe aß er gleich ein tüchtiges Stück Schnitzbrot in währendem Gehen. So etwas hatte er noch niemals über seinen Mund gebracht, wohl aber oft von seiner Großmutter gehört, daß sie einmal in ihrer Jugend bei einer Nachbarsfrau ein Stücklein vom echten bekommen, und daß es eine Ungüte vom Brot drum sei.

Wie er jetzt vor dem obern Tor draußen war, zween Bogenschüsse oder drei, kam er an eine Brücke: da mußte er ein wenig niedersitzen, die Türme seiner Vaterstadt, das Grafenschloß, die Häuser und Mauern noch einmal in der Morgensonne besehen; dann, eh' er weiterging, fiel ihm noch ein: Hier könnt' ich das Paar Schuh auf den Brückenrand stellen. Er tat's und zog fürbaß. - Eine Stunde über die Weinsteig hinaus kommt er in einen grünen Wald. Von ungefähr hört er auf einer Eiche den blauen Montag schreien, welches ein kurzweiliger Vogel ist, der seinen Namen davon hat, daß er immer einen Tag in der Woche mit der Arbeit aussetzt; da singt er nichts als Schelmenlieder und schaut gemächlich zu, wie andere Vögel ihre Nester richten, brüten und ihre Jungen ätzen; die seinigen krepieren ihm auch ordinär, deswegen er ein Raritätsvogel ist. So einen muß ich haben! denkt der Seppe; ich biet' ihn einem großen Herrn an unterwegs. Ein sonderer Vogel ist oft gern zwei Kälber wert, die Hepsisauer haben ihre Kirchweih um einen Guckigauch verkauft; wenn ich nur einen Taler löse, tut mir's wohl. Wie komm ich nur gleich da hinauf? - Seiner Lebtage hat er nie klettern können, diesmal aber ging's, als hätten ihrer sechs an ihm geschoben, und wie er droben ist, da sieht er sieben Junge flügg, mit blauen Köpfen im Nest! Er streckt schon eine Hand danach - krach! bricht ein fauler Ast, und drunten liegt der Schuster - daß er nicht Hals und Bein brach, war ein Wunder. „Ich weiß nicht," sagte er, indem er aufstand und die Platte rieb, „was ich von dem Pechschwitzer denken soll; das ist kein mutiger Anfang!"

Zu seinem Trost zog er sein Schnitzbrot aus dem Ranzen und fand das selbe wahrlich beinah schon wieder rund und ganz gewachsen. Er sprach dem Laiblein aber im Marschieren solang zu, bis ihm ganz übel ward, und deuchte ihn, er habe sich für alle Zeit Urdrutz daran gegessen. Sei's drum! ein Sprüchlein sagt: „Es ist nur geschlecket, das nimmer klecket."

Sein Sinn war allermeist auf Augsburg oder Regensburg gerichtet, denn diese Städte hatte er vor manchen andern rühmen hören; zuvörderst wollte er aber nach Ulm.

Mit großen Freuden sah er bald von der Bempflinger Höhe die Alb als eine wundersame blaue Mauer ausgestreckt. Nicht anders hatte er sich immer die schönen blauen Glasberge gedacht, dahinter, wie man ihm als Kind gesagt, der Königin von Saba Schneckengärten liegen. Doch war ihm wohl bekannt, daß oben weithin wieder Dörfer seien, als Böhringen, Fainingen, Feldstetten, Suppingen, durch welche sämtlich nacheinander er passieren mußte.

Jetzt hing sich auf der Straße ein Schönfärbergesell an ihn, gar sehr ein naseweises Bürschchen, spitzig und witzig mit Backen rosenrot, Glitzäugelein, ein schwarzes Kräuselhaar dazu, und schwatzte oder pfiff in einem weg. Der Seppe achtete nicht viel auf ihn, zumal ihm eben jetzt etwas im Kopf umging, das hätte er sich gern allein im stillen überlegt. Am Weg stand eine Kelter mit einem umgelegten Trog davor, auf diesen setzt er sich, der Meinung, sein Weggenoß soll weiter gehen. Der aber warf sich seitwärts hinter im ins Gras und schien bald eingeschlafen, von der Hitze müd'. Da war es still umher; ein einziges Heimlein sang am staubigen Rain so seine Weise ohn' Aufhören fort.

Endlich da fing der Seppe vor sich selbst, doch laut genug, zu sprechen an; „Jetzt weiß ich, was ich tu': ich werd' ein Scherenschleifer! Wo ich halt geh und sieh', juckt's mich, ein Rad zu treten, und sollt's ein Spinnrad sein!" (Dem war auch richtig so und konnte gar nicht anders sein, denn einer seiner Schuhe war für ein Mädchen gefeit und gesegnet.) „Die Art von Schleiferei," so sprach der Seppe weiter, „muß einer doch bald können, und so ein Kerl führt seine Werkstatt lustig auf einem Schubkarren durch die Welt, sieht alle Tage eine andere Stadt, da pflanzt er sich im Schatten an einem Markteck auf und dreht seinen Stein, daß die Funken wegfliegen. Die Leute mögen sprechen, was sie wollen, das ist jetzt einmal mein Beruf und mein Genie, ich spür's in allen Gliedern; und wo mir recht ist, hat mein Ehni seliger einmal gesagt: Der Seppe ist unter dem Zeichen des Wetzsteins geboren."

Bei diesen Reden richtete sich das Färberlein halb in die Höh'. Der ist ein Letzkopf, dachte es, und ich bin meines Lebens neben ihm nicht eines Glaubens Länge sicher; stand sachte auf, schlich sich hinweg in einem guten Bogen über das Ackerfeld und fußete sodann der geraden Straße nach, als brennte ihm der Steiß, Metzingen zu. Der Schuster, welcher endlich auch aufbrach, sah ihn von weitem rennen, argwöhnte aber nichts und zog, seines Vorsatzes herzlich vergnügt, demselben Flecken zu. Allein wie schaute er hoch auf, da alle Leute dort die Köpfe nach ihm aus den Fenstern streckten und ihm die Kinder auf der Gasse, an zwanzig, mit Geschrei nachsprangen und sangen:

Scherraschleifer, weh, weh, weh.,
Laß dei Rodle schnurre!
Stuagart ist grauße Stadt,
Lauft a Gänsbach dura.

Der Seppe hatte einen Stiefelszorn, schwang öfter seinen Knotenstock gegen den Schwarm: sie schrien aber nur um desto ärger, und also macht' er sich, so hurtig er nur konnte, aus dem Wespennest hinaus. Noch vor der letzten Hütte draußen hörte er ein Stimmlein verhallend im Wind:

Scherraschleifer, wetz, wetz, wetz!

Er hätte für sein Leben gern den Färber, welcher ihm den Possen spielte, dagehabt und ihm das Fell geruckt, wie er's verdiente; der aber blieb im Ort zurück, wo er in Arbeit stand. Sonst war der Wicht in Büßingen daheim, wie er dem Seppe sagte.

Derselbe ließ sich den erlittenen Schimpf nicht allzulang' anfechten, noch seinen Vorsatz dadurch beugen. Er machte seinen Trott so fort, und widerfuhr ihm diesen Tag nichts weiter von Bedeutung, als daß er etlichmal rechts ging, wo er links gesollt hätte, und hinwiederum links, wo es rechts gemeint war; das freilich nach dem Zeugnis aller Reis'beschreiber schon gar die Art nicht ist, um zeitig und mit wenig Kosten an einen Ort zu kommen.

Einstweilen langte es doch eben noch bis Urach, wo er zur Nachtherberge blieb. Am Morgen ging's hinauf die hohe Steig auf das Gebirg, nicht ohne vieles Stöhnen, denn sein einer Schuh - er merkte es schon gestern - hatte ihm ein Hühneraug' gedrückt, das machte ihm zu schaffen. Da wo die Steig am End ist, holte er zum Glück ein gutes Bäuerlein aus Suppingen auf einem Wagen mit etwas Schreinwerk ein, das hieß ihn ungebeten bei ihm. aufsitzen.

Als sie nun eine Weile so, die große Ebene hinfahrend, beieinander saßen, fing der Bauer an: „Mit Vergunst, i muaß jetzt doch fürwitzig froga: Gelt, Ihr sind g'wiß „ Drehar ?" - „Warum?" - „Ei," sprach das Bäuerlein und sah auf des

Gesellen Fuß, „do der Kamrad arbeit't allfort, ma moint er müaß all' mei' vier Räder tretta!"

Der Seppe schämte sich ein wenig, im Herzen war er aber selig froh und dachte: Hat mir der Bauer da ein Licht aufstecken müssen! Auf einen Drehstuhl will's mit dir hinaus und anderst nirgends hin!

Von nun an war der Schuster wie ein umgewend'ter Handschuh, ganz ein andrer Mensch, gesprächig, lustig, langte den Schnitzlaib heraus, gab ihn dem Bäuerlein bis auf den Anschnitt, sagend: „Lieber Mann, des bin ich froh, daß Ihr mir angesehen, daß ich ein Dreher bin!!" - „Ha," sprach der andere, „sell ist guat merka." - Der Alte kaute einen Bissen und machte ordentlich die Augen zu dabei, so gut schmeckte es ihm; das übrige hob er als Heimbringens auf für Weib und Kinder. Danach ward er redselig, erzählte dem Gesellen allerlei: vom Hanf- und Flachsbau auf der Alb; wie sie im Winter gut in ihren strohgedeckten Hütten säßen, ingleichen wie man solche Dächer mit besonderer Kunst verfertige. Auch wußte er ihm viel zu sagen von Blaubeuren, einem Städtlein und Kloster im Tal, zwischen mächtigen Felsen gelegen; da komme er hindurch und möge er sich ja den Blautopf auch beschauen, wie alle Fremde tun.

Du aber, wohlgeneigter Leser, lasse dich, derweil die beiden so zusammen diskurrieren, auch etlicher Dinge besonders berichten, die, ob sie sich zwar lang' vor Seppes Zeit begeben, nichtsdestoweniger zu dieser Geschichte gehören!
Vernimm hiernach die wahre und anmutige

Der Blautopf ist der große runde Kessel eines wundersamen Quells bei einer jähen Felsenwand gleich hinter dem Kloster. Gen Morgen sendet er ein Flüßchen aus, die Blau, welche der Donau zufällt. Dieser Teich ist einwärts wie ein tiefer Trichter, sein Wasser ist von Farbe ganz blau, sehr herrlich, mit Worten nicht wohl zu beschreiben; wenn man es aber schöpft, sieht es ganz hell in dem Gefäß.

Zu unterst auf dem Grund saß ehemals eine Wasserfrau mit langen fließenden Haaren.Ihr Leib war allenthalben wie eines schönen natürlichen Weibs, dies eine ausgenommen, daß sie zwischen den Fingern und Zehen eine Schwimmhaut hatte, blühweiß und zarter als ein Blatt von Mohn. Im Städtlein ist noch heutzutag ein alter Bau, vormals ein Frauenkloster, hernach zu einer großen Wirtschaft eingerichtet, und hieß darum der Nonnenhof. Dort hing vor sechzig Jahren noch ein Bildnis von dem Wasserweib, trotz Rauch und Alter noch wohl kenntlich in den Farben. Da hatte sie die Hände kreuzweis auf die Brust gelegt, ihr Angesicht sah weißlich, das Haupthaar schwarz, die Augen aber, welche sehr groß waren, blau. Beim Volk hieß sie die arge Lau im Topf, auch wohl die schöne Lau.

Gegen die Menschen erzeigte sie sich bald böse, bald gut. Zuzeiten, wenn sie im Unmut den Gumpen übergehen ließ, kam Stadt und Kloster in Gefahr; dann brachten ihr die Bürger in einem feierlichen Aufzug oft Geschenke, sie zu begütigen, als Gold- und Silbergeschirr, Becher, Schalen, kleine Messer und andere Dinge, dawider zwar, als einen heidnischen Gebrauch und Götzendienst, die Mönche redlich eiferten, bis derselbe auch endlich ganz abgestellt worden. So feind darum die Wasserfrau dem Kloster war, geschah es doch nicht selten, wenn Pater Emeran die Orgel drüben schlug und kein Mensch in der Nähe war, daß sie am lichten Tag mit halbem Leib heraufkam und zuhorchte; dabei trug sie zuweilen einen Kranz von breiten Blättern auf dem Kopf und auch dergleichen um den Hals.

Ein frecher Hirtenjung' belauschte sie einmal in dem Gebüsch und rief: „Hei, Laubfroschl git's guat Wetter?" Geschwinder als ein Blitz und giftiger als eine Otter fuhr sie heraus, ergriff den Knaben beim Schopf und riß ihn mit hinunter in eine ihrer nassen Kammern, wo sie den ohnmächtig gewordenen jämmerlich verschmachten und verfaulen lassen wollte. Bald aber kam er wieder zu sich, fand eine Tür und kam über Stufen und Gänge durch viele Gemächer in einen schönen Saal. Hier war es lieblich, glusam mitten im Winter. In einer Ecke brannte, indem die Lau und ihre Dienerschaft schon schlief, auf einem hohen Leuchter mit goldenen Vogelfüßen als Nachtlicht eine Ampel. Es stand viel köstlicher Hausrat herum an den Wänden, und diese waren samt dem Estrich ganz mit Teppichen staffiert: Bildweberei in allen Farben. Der Knabe hurtig nahm das Licht herunter von dem Stock, sah sich in Eile um, was er noch sonst erwischen möchte, und griff aus einem Schrank etwas heraus, das stak in einem Beutel und war mächtig schwer, deswegen er vermeinte, es sei Gold; lief dann und kam vor ein erzenes Pförtlein, das mochte in der Dicke gut zwo Fäuste sein, schob die Riegel zurück und stiegs eine steinerne Treppe hinauf in unterschiedlichen Absätzen, bald links, bald wieder rechts, gewiß vierhundert Stufen, bis sie zuletzt ausgingen und er auf ungeräumte Klüfte stieß; da mußte er das Licht dahinten lassen und kletterte so mit Gefahr seines Lebens noch eine Stunde lang im Finstern hin und her, dann aber brachte er den Kopf auf einmal aus der Erde. Es war tief Nacht und dicker Wald um ihn. Als er nach vielem Irregehen endlich mit der ersten Morgenhelle auf gänge Pfade kam und von dem Felsen aus das Städtlein unten erblickte, verlangte ihn am Tag zu sehen, was in dem Beutel wäre: da war es weiter nichts als ein Stück Blei, ein schwerer Kegel, spannenlang, mit einem Öhr an seinem obern Ende, weiß vor Alter. Im Zorn warf er den Plunder weg ins Tal hinab und sagte nachher weiter niemand von dem Raub, weil er sich dessen schämte. Doch kam von ihm die erste Kunde von der Wohnung der Wasserfrau unter die Leute.

Nun ist zu wissen, daß die schöne Lau nicht hier am Ort zu Hause war: vielmehr war sie, als eine Fürstentochter, und zwar von Mutter Seiten her halbmenschlichen Gebluts, mit einem alten Donaunix am Schwarzen Meer vermählt. Ihr Mann verbannte sie darum, daß sie nur tote Kinder hatte.
Das aber kam, weil sie stets traurig war ohn' einige besondere Ursach'. Die Schwiegermutter hatte ihr geweissagt, sie möge eher nicht eines lebenden Kindes genesen, als bis sie fünfmal von Herzen gelacht haben würde. Beim fünftenmal müßte etwas sein, das dürfe sie nicht wissen noch auch der alte Nix. Es wollte aber damit niemals glücken, so viel auch ihre Leute deshalb Fleiß anwendeten; endlich da mochte sie der alte König ferner nicht an seinem Hofe leiden und sandte sie an diesen Ort, unweit der obern Donau, wo seine Schwester wohnte.

Die Schwiegermutter hatte ihr zum Dienst und Zeitvertreib
etliche Kammerzofen und Mägde mitgegeben, so muntere und
kluge Mädchen, als je auf Entenfüßen gingen (denn was von
dem gemeinen Stamm der Wasserweiber ist, hat rechte
Entenfüße); die zogen sie, pur für die Langeweile, sechsmal des
Tages anders an (denn außerhalb dem Wasser ging sie in
köstlichen Gewändern, doch barfuß), erzählten ihr alte
Geschichten und Mären, machten Musik, tanzten und
scherzten vor ihr. An jenem Saal, darin der Hirtenbub gewesen,
war der Fürstin ihr Gaden oder Schlafgemach, von welchem
eine Treppe in den Blautopf ging. Da lag sie manchen lieben
Tag und manche Sommernacht der Kühlung wegen. Auch
hatte sie allerlei lustige Tiere, wie Vögel, Küllhasen und Affen,
vornehmlich aber einen possigen Zwerg, durch welchen
vormals einem Ohm der Fürstin war von eben solcher
Traurigkeit geholfen worden. Sie spielte alle Abend
Damenziehen, Schachzagel oder Schaf und Wolf mit ihm; so oft
er einen ungeschickten Zug getan, schnitt er die raresten
Gesichter, keines dem andern gleich, nein, immer eines ärger

als das andere, daß auch der weise Salomo das Lachen nicht
gehalten hätte, geschweige denn die Kammerjungfern oder du
selber, liebe Leserin, wärst du dabei gewesen; nur bei der
schönen Lau schlug eben gar nichts an, kaum daß sie ein
paarmal den Mund verzog.

Es kamen alle Jahr um Winters Anfang Boten von daheim, die klopften an der Halle mit dem Hammer, da frugen dann die Jungfern:
Wer pocht, daß einem das Herz erschrickt?

Und jene sprachen:
Der König schickt.
Gebt uns wahrhaftigen Bescheid,
Was Guts ihr habt geschafft die Zeit!

Und sie sagten:
Wir haben die ferndigen Lieder gesungen
Und haben die ferndigen Tänze gesprungen,
Gewonnen war es um ein Haar.
Kommt, liebe Herren, übers Jahr!

So zogen sie wieder nach Haus. Die Frau war aber vor der Botschaft und danach stets noch einmal so traurig.
Im Nonnenhof war eine dicke Wirtin, Frau Betha Seysolffin, ein frohes Biederweib, christlich, leutselig, gütig; zumal an armen reisenden Gesellen bewies sie sich als eine rechte Fremdenmutter. Die Wirtschaft führte zumeist ihr ältster Sohn, Stephan, welcher verehlicht war; ein anderer, Xaver, war Klosterkoch, zwo Töchter noch bei ihr. Sie hatte einen kleinen Küchengarten vor der Stadt, dem Topf zunächst. Als sie im Frühjahr einst am ersten warmen Tag dort war und ihre Beete richtete, den Kappis, den Salat zu säen, Bohnen und Zwiebel zu stecken, besah sie sich von ungefähr auch einmal recht mit Wohlgefallen wieder das schöne blaue Wasser überm Zaun und mit Verdruß daneben einen alten garstigen Schutthügel, der schändete den ganzen Platz; nahm also, wie sie fertig war mit ihrer Arbeit und das Gartentürlein hinter sich zugemacht hatte, die Hacke noch einmal, riß flink das gröbste Unkraut

aus, erlas etliche Kürbiskern' aus ihrem Samenkorb und steckte hin und wieder einen in den Haufen. (Der Abt im Kloster, der die Wirtin, als eine saubere Frau, gern sah - man hätte sie nicht über vierzig Jahr geschätzt, er selber aber war, gleich ihr, ein starkbeleibter Herr - stand just am Fenster oben und grüßte herüber, indem er mit dem Finger drohte, als halte sie zu seiner Widersacherin.) Die Wüstung grünte nun den ganzen Sommer, daß es eine Freude war, und hingen dann im Herbst die großen gelben Kürbis an dem Abhang nieder bis zu dem Teich.

Jetzt ging einmals der Wirtin Tochter, Jutta, in den Keller, woselbst sich noch von alten Zeiten her ein offener Brunnen mit einem steinernen Kasten befand. Beim Schein des Lichtes erblickte sie darinnen mit Entsetzen die schöne Lau, schwebend bis an die Brust im Wasser, sprang voller Angst davon und sagt's der Mutter an; die fürchtete sich nicht und stieg allein hinunter, litt auch nicht, daß ihr der Sohn zum Schutz nachfolge, weil das Weib nackt war.

Der wunderliche Gast sprach diesen Gruß:
Die Wasserfrau ist kommen
Gekrochen und geschwommen
Durch Gänge steinig, wüst und kraus
Zur Wirtin in das Nonnenhaus.
Sie hat sich meinethalb gebückt,
Mein' Topf geschmückt
Mit Früchten und mit Ranken,
Das muß ich billig danken.

Sie hatte einen Kreisel aus wasserhellem Stein in ihrer Hand, den gab sie der Wirtin und sagte: „Nehmt dieses Spielzeug, liebe Frau, zu meinem Angedenken! Ihr werdet guten Nutzen davon haben. Denn jüngsthin habe ich gehört, wie Ihr in Eurem Garten der Nachbarin klagtet, Euch sei schon auf die Kirchweih angst, wo immer die Bürger und Bauern zu Unfrieden kämen und Mord und Totschlag zu befahren sei. Derhalben, liebe Frau, wenn wieder die trunkenen Gäste bei Tanz und Zeche Streit beginnen, nehmt den Topf zur Hand und dreht ihn vor der Tür des Saals im Öhrn, da wird man hören durch das ganze Haus ein mächtiges und herrliches Getöne, daß alle gleich die Fäuste werden sinken lassen und guter Dinge sein, denn jählings ist ein jeder nüchtern und gescheit geworden. Ist es an dem, so werfet Eure Schürze auf den Topf! da wickelt er sich alsbald ein und lieget stille."

So redete das Wasserweib. Frau Betha nahm vergnügt das Kleinod samt der goldenen Schnur und dem Halter von Ebenholz, rief ihrer Tochter Jutta her (sie stand nur hinter dem Krautfaß an der Staffel), wies ihr die Gabe, dankte und lud die Frau, so oft die Zeit ihr lang wär, freundlich ein zu fernerem Besuch; darauf das Weib hinabfuhr und verschwand.

Es dauerte nicht lang', so wurde offenbar, welch einen Schatz die Wirtschaft an dem Topf gewann.
Denn, nicht allein, daß er durch seine Kraft und hohe Tugend die übeln Händel allezeit in einer Kürze dämpfte, er brachte auch dem Gasthaus bald erstaunliche Einkehr zuwege. Wer in die Gegend kam, gemein oder vornehm, ging ihm zulieb; insonderheit kam bald der Graf von Helfenstein, von Wirtemberg und etliche große Prälaten; ja ein berühmter Herzog aus Lombardenland, so bei dem Herzoge von Bayern gastweis war und dieses Wegs nach Frankreich reiste, bot vieles Geld für dieses Stück, wenn es die Wirtin lassen wollte. Gewiß auch war in keinem andern Land seinesgleichen zu sehen und zu hören. Erst, wenn er anhub sich zu drehen, ging es doucement her, dann klang es stärker und stärker, so hoch wie tief, und immer herrlicher, als wie der Schall von vielen Pfeifen, der quoll und stieg durch alle Stockwerke bis unter das Dach und bis in den Keller, dergestalt daß alle Wände, Dielen, Säulen und Geländer schienen davon erfüllt zu sein, zu tönen und zu schwellen. Wenn nun das Tuch auf ihn geworfen wurde und er ohnmächtig lag, so hörte gleichwohl die Musik sobald nicht auf, es zog vielmehr der ausgeladene Schwall mit starkem Klingen, Dröhnen, Summen noch wohl bei einer Viertelstunde hin und her.

Bei uns im Schwabenland heißt so ein Topf aus Holz gemeinhin eine Habergeis; Frau Betha ihrer ward nach seinem vornehmsten Geschäfte insgemein genannt der Bauren-Schwaiger. Er war gemacht aus einem großen Amethist, des Name besagen will: Wider den Trunk, weil er den schweren Dunst des Weins geschwinde aus dem Kopf vertreibt, ja schon von Anbeginn dawider tut, daß einen guten Zecher das Selige berühre; darum ihn auch weltlich und geistliche Herren sonst häufig pflegten am Finger zu tragen.

Die Wasserfrau kamen jeden Mond einmal, auch je und je unverhofft zwischen der Zeit, weshalb die Wirtin eine Schelle richten ließ oben im Haus mit einem Draht, der lief herunter an der Wand beim Brunnen, damit sie sich gleichbald anzeigen konnte. Also ward sie je mehr und mehr zutunlich zu den wackeren Frauen, der Mutter samt den Töchtern und der Söhnerin.

Einsmals an einem Nachmittag im Sommer, da eben keine Gäste kamen, der Sohn mit den Knechten und Mägden hinaus in das Heu gefahren war, Frau Betha mit der Ältesten im Keller Wein abließ, die Lau im Brunnen aber Kurzweil halben dem Geschäft zusah und nun die Frauen noch ein wenig mit ihr plauderten, da fing die Wirtin an: „Mögt Ihr Euch denn einmal in meinem Haus und Hof umsehn? Die Jutta könnte Euch etwas von Kleidern geben: ihr seid von einer Größe."

„Ja," sagte sie, „ich wollte lange gern die Wohnungen der Menschen seh'n, was alles sie darin gewerben, spinnen, weben, ingleichen auch wie Eure Töchter Hochzeit machen und ihre kleinen Kinder in der Wiege schwenken."

Da lief die Tochter fröhlich mit Eile hinauf, ein rein Leintuch zu holen, bracht' es und half ihr aus dem Kasten steigen; das tat sie sonder Müh' und lachenden Mundes. Flugs schlug ihr die

Dirne das Tuch um den Leib und führte sie bei ihrer Hand eine schmale Stiege hinauf in der hintersten Ecke des Kellers, da man durch eine Falltüre oben gleich in der Töchter Kammer gelangt. Allda ließ sie sich trocken machen und saß auf einem Stuhl, indem ihr Jutta die Füsse abrieb. Wie diese ihr nun an die Sohle kam, fuhr sie zurück und kicherte. „War's nicht gelacht?" frug sie selber sogleich. - „Was anders ?" rief das Mädchen und jauchzte: „Gebenedeiet sei uns der Tag! ein erstes Mal wär' es geglückt!" - Die Wirtin hörte in der Küche das Gelächter und die Freude, kam herein, begierig, wie es zugegangen, doch als sie die Ursach' vernommen - du armer Tropf, so dachte sie, das wird ja schwerlich gelten! ließ sich indes nichts merken, und Jutta nahm etliche Stücke aus dem Schrank, das Beste, was sie hatte, die Hausfreundin zu kleiden. „Seht!" sagte die Mutter, „sie will wohl aus Euch eine Susann Preisnestel machen." - Nein," rief Lau in ihrer Fröhlichkeit, „laß mich die Aschengruttel sein in deinem Märchen!" nahm einen schlechten runden Faltenrock und eine Jacke; nicht Schuh noch Strümpfe litt sie an den Füßen, auch hingen ihre Haare ungezöpft bis auf die Knöchel nieder. So strich sie durch das Haus von unten bis zu oberst, durch Küche, Stuben und Gemächer. Sie verwunderte sich des gemeinsten Gerätes und seines Gebrauchs, besah den rein gefegten Schenktisch und darüber in langen Reihen die zinnenen Kannen und Gläser, alle gleich gestürzt, mit hängendem Deckel, dazu den kupfernen Schwenkkessel samt der Bürste und mitten in der Stube an der Decke der Weber Zunftgeschmuck, mit Seidenband und Silberdraht geziert, in dem Kästlein von Glas. Von ungefähr erblickte sie ihr eigen Bild im Spiegel, davor blieb sie betroffen und erstockt eine ganze Weile steh'n, und als darauf die Söhnerin sie mit in ihre Stube nahm und ihr ein neues Spiegelein, drei Groschen wert, verehrte, da meinte sie Wunders zu haben; denn unter allen ihren Schätzen fand sich dergleichen nicht.

Bevor sie aber Abschied nahm, geschah's, daß sie hinter den Vorhang des Alkoven schaute, woselbst der jungen Frau und ihres Mannes Bett sowie der Kinder Schlafstätte war. Saß da ein Enkelein mit rotgeschlafenen Backen, hemdig und einen Apfel in der Hand, auf einem runden Stühlchen von guter Ulmer Hafnerarbeit, grün verglaset. Das wollte dem Gast außer Maßen gefallen; sie nannte es einen viel zierlichen Sitz, rümpft' aber die Nase mit eins, und da die drei Frauen sich wandten zu lachen, vermerkte sie etwas und fing auch hell zu lachen an, und hielt sich die ehrliche Wirtin den Bauch, indem sie sprach: „Diesmal fürwahr hat es gegolten, und Gott schenk Euch einen so frischen Buben, als mein Hans da ist!"

Die Nacht darauf, daß sich dies zugetragen, legte sich die schöne Lau getrost und wolgemut, wie schon in Jahren nicht, im Grund des Blautopfs nieder, schlief gleich ein, und bald erschien ihr ein närrischer Traum.

Ihr deuchte da, es war die Stunde nach Mittag, wo in der heißen Jahreszeit die Leute auf der Wiese sind und mähen, die Mönche aber sich in ihren kühlen Zellen eine Ruhe machen, daher es noch einmal so still im ganzen Kloster und rings um seine Mauern war. Es stund jedoch nicht lange an, so kam der Abt herausspaziert und sah, ob nicht etwa die Wirtin in ihrem Garten sei. Dieselbe aber saß als eine dicke Wasserfrau mit langen Haaren in dem Topf, allwo der Abt sie bald entdeckte, sie begrüßte und ihr einen Kuß gab, so mächtig, daß es vom Klostertürmlein widerschallte, und schallte es der Turm ans Refektorium, das sagt' es der Kirche, und die sagt's dem Pferdestall, und der sagt's dem Waschhaus, und im

Waschhaus da riefen's die Zuber und Kübel sich zu. Der Abt erschrak bei solchem Lärm; ihm war, wie er sich nach der Wirtin bückte, sein Käpplein in Blautopf gefallen; sie gab es ihm geschwind, und er watschelte hurtig davon.

Da aber kam aus dem Kloster heraus unser Herrgott, zu seh'n, was es gebe. Er hatte einen langen weißen Bart und einen roten Rock. Und frug den Abt, der ihm just in die Hände lief:

Herr Abt, wie ward Euer Käpplein so naß?

Und er antwortete:
Es ist mir ein Wildschwein am Wald verkommen,
Vor dem hab' ich Reißaus genommen,
Ich rannte sehr und schwitzet' baß,
Davon ward wohl mein Käpplein so naß.

Da hob unser Herrgott, unwirs ob der Lüge, seinen Finger auf, winkt' ihm und ging voran, dem Kloster zu. Der Abt sah hehlings noch einmal nach der Frau Wirtin um, und diese rief: „Ach, liebe Zeit! ach, liebe Zeit! jetzt kommt der gut' alt' Herr in die Prison!"

Dies war der schönen Lau ihr Traum. Sie wußte aber beim Erwachen und spürte noch an ihrem Herzen, daß sie im Schlaf sehr lachte, und ihr hüpfte noch wachend die Brust, daß der Blautopf oben Ringlein schlug.

Weil es den Tag zuvor sehr schwül gewesen, so blitzte es jetzt in der Nacht. Der Schein erhellte den Blautopf ganz, auch spürte sie am Boden, es donnere weitweg. So blieb sie mit zufriedenem Gemüte noch eine Weile ruhen, den Kopf in ihre Hand gestützt, und sah dem Wetterblicken zu. Nun stieg sie auf, zu wissen, ob der Morgen etwa komme: allein es war noch nicht viel über Mitternacht. Der Mond stand glatt und schön über dem Rusenschloß, die Lüfte aber waren voll vom Würzgeruch der Mahden.

Sie meinte fast der Geduld nicht zu haben bis an die Stunde, wo sie im Nonnenhof ihr neues Glück verkünden durfte, ja wenig fehlte, daß sie sich jetzt nicht mitten in der Nacht aufmachte und vor Juttas Türe kam (wie sie nur einmal Trostes wegen in übergroßem Jammer nach der jüngsten Botschaft aus der Heimat tat), doch sie besann sich anders und ging zu besserer Zeit.

Frau Betha hörte ihren Traum gutmütig an, obwohl er ihr ein wenig ehrenrührig schien. Bedenklich aber sagte sie darauf: „Baut nicht auf solches Lachen, das im Schlaf geschah! der Teufel ist ein Schelm. Wenn ihr auf solches Trugwerk hin die Boten mit fröhlicher Zeitung entließet, und die Zukunft strafte Euch Lügen, es könnte schlimm daheim ergehen."

Auf diese Rede hing die schöne Lau den Mund gar sehr und sagte: „Frau Ahne hat der Traum verdrossen!" nahm kleinlauten Abschied und tauchte hinunter.

Es war nah bei Mittag, da rief der Pater Schaffner im Kloster dem Bruder Kellermeister eifrig zu: „Ich merk', es ist im Gumpen letz! Die Arge will Euch Eure Faß wohl wieder einmal schwimmen lehren. Tut Eure Läden eilig zu, vermachet alles wohl!

Nun aber war des Klosters Koch, der Wirtin Sohn, ein lustiger Vogel, welchen die Lau wohl leiden mochte. Der dachte ihren Jäst mit einem Schnak zu stillen, lief nach seiner Kammer, zog die Bettscher aus der Lagerstätte und steckte sie am Blautopf in den Rasen, wo das Wasser auszutreten pflegte, und stellte sich mit Worten und Gebärdenals einen viel getreuen Diener an, der mächtig Ängsten hätte, daß seine Herrschaft aus dem Bette fallen und etwa Schaden nehmen möchte.

Da sie nun sah das Holz so recht mit Fleiß gesteckt und über das Bächlein gespreizt, kam ihr in ihrem Zorn das Lachen an, und lachte überlaut, daß man's im Klostergarten hörte.

Als sie hierauf am Abend zu den Frauen kam, da wußten sie es schon vom Koch und wünschten ihr mit tausend Freuden Glück. Die Wirtin sagte: „Der Xaver ist von Kindesbeinen an gewesen als wie der Zuberklaus, jetzt kommt uns seine Torheit zustatten."

Nun aber ging ein Monat nach dem andern herum: es wollte sich zum dritten- oder viertenmal nicht wieder schicken. Martini war vorbei, noch wenig Wochen, und die Boten standen wieder vor der Tür. Da ward es den guten Wirtsleuten bald selbst bang, ob heuer noch etwas zustande käme, und alle hatten nur zu trösten an der Frau. Je größer deren Angst, je weniger zu hoffen war.

Damit sie ihres Kummers eher vergessen, lud ihr Frau Betha einen Lichtkarz ein, da nach dem Abendessen ein halb Dutzend muntre Dirnen und Weiber aus der Verwandtschaft in einer abgelegenen Stube mit ihren Kunkeln sich zusammensetzten. Die Lau kam alle Abend in Juttas altem Rock und Kittel und ließ sich weit vom warmen Ofen weg in einem Winkel auf den Boden nieder und hörte dem Geplauder zu, von Anfang als stummer Gast, ward aber bald zutraulich und bekannt mit allen. Um ihretwillen machte sich Frau Betha eines Abends ein Geschäft daraus, ihr Weihnachtskripplein für die Enkel beizeiten herzurichten: die Mutter Gottes mit dem Kind im Stall, bei ihr die drei Weisen aus Morgenland, ein jeder mit seinem Kamel, darauf er hergereist kam und seine Gaben brachte. Dies alles aufzuputzen und zu leimen, was etwa lotter war, saß die Frau Wirtin an dem Tisch beim Licht mit ihrer Brille, und die Wasserfrau mit höchlichem Ergötzen sah ihr zu, so wie sie auch gerne vernahm, was ihr von heiligen Geschichten dabei gesagt wurde, doch nicht daß sie dieselben dem rechten Verstand nach begriff oder zu Herzen nahm, wie gern auch die Wirtin es wollte.

Frau Betha wußte ferner viel lehrreicher Fabeln und Denkreime, auch spitzweise Fragen und Rätsel; die gab sie nacheinander im Vorsitz auf zu raten, weil sonderlich die Wasserfrau von Hause aus dergleichen liebte und immer gar zufrieden schien, wenn sie es ein und das andere Mal traf (das doch nicht allzu leicht geriet). Eines derselben gefiel ihr vor allen, und was damit gemeint ist, nannte sie ohne Besinnen:;

Ich bin eine dürre Königin,
Trag' auf dem Haupt eine zierliche Kron',
Und die mir dienen mit treuem Sinn,
Die haben großen Lohn.
Meine Frauen müssen mich schön frisieren,
Erzählen mir Märlein ohne Zahl.
Sie lassen kein einzig Haar an mir,
Doch siehst du mich nimmer kahl.
Spazieren fahr' ich frank und frei,
Das geht so rasch, das geht so fein;
Nur komm ich nicht vom Platz dabei -.
Sagt Leute! was mag das sein?

Darüber sagte sie, in etwas fröhlicher denn zuvor: „Wenn ich dereinstens wiederum in meiner Heimat bin und kommt einmal ein schwäbisch Landeskind, zumal aus Eurer Stadt, auf einer Kriegsfahrt oder sonst durch der Walachen Land an unsere Gestade, so ruf er mich bei Namen, dort wo der Strom am breitesten hineingeht in das Meer - versteht! zehn Meilen einwärts in dieselbe See erstreckt sich meines Mannes Reich, so weit das süße Wasser sie mit seiner Farbe färbt - dann will ich kommen und dem Fremdling zu Rat und Hilfe sein. Damit er aber sicher sei, ob ich es bin und keine andere, die ihm schaden möchte, so stelle er dies Rätsel. Niemand aus unserem Geschlechte außer mir wird ihm darauf antworten, denn dortzuland sind solche Rocken und Rädlein, als Ihr in Schwaben führet, nicht gesehn, noch kennen sie dort Eure Sprache; darum mag dies die Losung sein.“

Auf einen andern Abend ward erzählt vom Doktor Veylland und Herrn Konrad von Wirtemberg, dem alten Gaugrafen, in dessen Tagen es noch keine Stadt mit Namen Stuttgart gab. Im Wiesental, da wo dieselbe sich nachmals erhob, stund nur ein stattliches Schloß mit Wassergraben und Zugbrücke, von Bruno, dem Domherrn von Speyer, Konradens Oheim, erbaut, und nicht gar weit davon ein steinernes Haus. In diesem wohnte dazumal mit einem alten Diener ganz allein ein sonderlicher Mann, der war in natürlicher Kunst und in Arzneikunst sehr gelehrt und war mit seinem Herrn, dem Grafen, weit in der Welt herumgereist in heißen Ländern, von wo er manche Seltsamkeit an Tieren, vielerlei Gewächsen und Meerwundern heraus nach Schwaben brachte.

In seinem Öhrn sah man der fremden Sachen eine Menge an den Wänden herumhangen: die Haut vom Krokodil sowie Schlangen und fliegende Fische.

Fast alle Wochen kam der Graf einmal zu ihm; mit andern Leuten pflegte er wenig Gemeinschaft. Man wollte behaupten, er mache Gold; gewiß ist, daß er sich unsichtbar machen konnte, denn er verwahrte unter seinem Kram einen Krackenfischzahn. Einst nämlich, als er auf dem Roten Meer das Bleilot niederließ, die Tiefe zu erforschen, da zockt' es unterm Wasser, daß das Tau fast riß. Es hatte sich ein Krackenfisch. Einst nämlich, als er auf dem roten Meere das Bleilot niederließ, die Tiefe zu erforschen, da zockt es unterm Wasser, daß das Tau fast riß. Es hatte sich ein Kackenfisch im Lot verbissen und zween seiner Zähne darinnen gelassen. Sie sind wie eine Schustersahle, spitz und glänzend schwarz. Der eine stak sehr fest, der andere ließ sich leicht ausziehen.

Da nun ein solcher Zahn, etwa in Silber oder Gold gefaßt und bei sich getragen, besagte hohe Kraft besitzt und zu den größten Gütern, so man für Geld nicht haben kann, gehört, der Doktor aber dafür hielt, es zieme eine solche Gabe niemand besser als einem weisen und wohldenkenden Gebieter, damit er überall, in seinen eigenen und Feindes Landen, sein Ohr und Auge habe, so gab er einen dieser Zähne seinem Grafen, wie er ja ohnedem wohl schuldig war, mit Anzeigung von dessen Heimlichkeit, davon der Herr nichts wußte. Von diesem Tage an erzeigte sich der Graf dem Doktor gnädiger als allen seinen Edelleuten oder Räten, und hielt ihn recht als seinen lieben Freund, ließ ihm auch gern und sonder Neid das Lot zu eigen, darin der andere Zahn war, doch unter dem Gelöbnis, sich dessen ohne Not nicht zu bedienen, auch ihn vor seinem Ableben entweder ihm, dem Grafen, erblich zu verlassen oder auf alle Weise der Welt zu entrücken, wo nicht ihn gänzlich zu vertilgen. Der edle Graf starb aber um zwei Jahre eher als der Veylland und hinterließ das Kleinod seinen Söhnen nicht; man glaubt, aus Gottesfurcht und weiser Vorsicht hab' er es mit in das Grab genommen oder sonst verborgen.

Wie nun der Doktor auch am Sterben lag, so rief er seinen treuen Diener Kurt zu ihm ans Bett und sagte: „Lieber Kurt! es gehet diese Nacht mit mir zu Ende, so will ich dir noch deine guten Dienste danken und etliche Dinge befehlen. Dort bei den Büchern in dem Fach zu unterst ist ein Beutel mit hundert Imperialen, den nimm sogleich zu dir! Du wirst auf Lebenszeit genug daran haben. Zum Zweiten, das alte geschriebene Buch in dem Kästlein daselbst verbrenne jetzt vor meinen Augen hier in dem Kamin! Zum dritten findest du ein Bleilot dort, das nimm, verbirg's bei deinen Sachen, und wenn du aus dem Hause gehst in deine Heimat gen Blaubeuren, laß es dein erstes sein, daß du es in den Blautopf wirfst!" - Hiermit war er darauf bedacht, daß es ohne Gottes besondere Fügung nicht in irgendeines Menschen Hände komme. Denn damals hatte sich die Lau noch nie im Blautopf blicken lassen und hielt man selben überdies für unergründlich.

Nachdem der gute Diener jenes alles teils auf der Stelle ausgerichtet, teils versprochen, nahm er mit Tränen Abschied von dem Doktor, welcher vor Tage noch das Zeitliche gesegnete.

Als nachher die Gerichtspersonen kamen und allen kleinen Quark aussuchten und versiegelten, da hatte Kurt das Bleilot zwar beiseit' gebracht, den Beutel aber nicht versteckt (denn er war keiner von den Schlauesten) und mußte ihn dalassen, bekam auch nach der Hand nicht einen Deut davon zu sehen, kaum daß die schnöden Erben ihm den Jahreslohn auszahlten.

Solch Unglück ahnete ihm schon, als er, auch ohnedem betrübt genug, mit mit seinem Bündelein in seiner Vaterstadt einzog. Jetzt dachte er an nichts, als seines Herrn Befehl vor allen Dingen zu vollziehen. Weil er seit dreiundzwanzig Jahren nimmer hier gewesen, so kannte er die Leute nicht, die ihm begegneten, und da er gleichwohl einem und dem andern guten Abend sagte, gab's ihm niemand zurück. Die Leute schauten sich, wenn er vorüber kam, verwundert an den Häusern um, wer doch da gegrüßt haben möchte; denn keines erblickte den Mann. Dies kam, weil ihm das Lot in seinem Bündel auf der linken Seite hing; ein andermal, wenn er es rechts trug, war er von allen gesehen. Er aber sprach für sich: „Zu meiner Zeit sind dia Blaubeuramar so grob ett gwä!"

Beim Blautopf fand er seinen Vetter, den Seilermeister, mit dem Jungen am Geschäft, indem er längs der Klostermauer, rückwärts gehend, Werg aus seiner Schürze spann, und weiterhin der Knabe trillte die Schnur mit dem Rad. -‚Gott grüaß di, Vetter Seiler!" rief der Kurt, und klopft' ihm auf die Achsel. Der Meister guckt sich um, verblaßt, läßt seine Arbeit aus den Händen fallen und lauft, was seine Beine mögen. Da lachte der andere, sprechend: „Der denkt, mei' Seel, i wandele geistweis! D'Leut hant g'wiß mi für tot hia g'fait, anstatt mein' Herra - ei so schlag!"

Jetzt ging er zu dem Teich, knüpfte sein Bündel auf und zog das Lot heraus. Da fiel ihm ein, er möchte doch auch wissen, ob es wahr sei, daß der Gumpen keinen Grund noch Boden habe (er wär' gern auch ein wenig so ein Spiriguckes wie sein Herr gewesen), und weil er vorhin in des Seilers Korb drei große, starke Schnürbund liegen sehn, so holte er dieselben her und band das Lot an einen. Es lagen just auch frischgebohrte Teichel, eine schwere Menge, in dem Wasser bis gegen die Mitte des Topfs, darauf er sicher Posto fassen konnte, und also ließ er das Gewicht hinunter, indem er immer ein Stück Schnur an seinem ausgestreckten Arm abmaß, drei solcher Längen auf ein Klafter rechnete und laut abzählte: „1 Klafter, 2 Klafter, 3, 4, 5, 6,7, 8, 9, 10" - da ging der erste Schnurbund aus und mußte er den zweiten an das Ende knüpfen, maß wiederum ab und zählte bis auf 20. Da war der andere Schnurbund gar. - „Heidaguguck, ist dees a Tiafe! - und band den dritten an das Trumm, fuhr fort zu zählen: „21, 22, 23, 24 - Höllelement, mei' Arm will nimme! - 25, 26, 27, 28, 29, 30 Jetzet guat Nacht, 's Meß hot a End! Do heißt's halt, mir ner, dir nex, rappede rappede, so isch usganga!" - Er schlang die Schnur, bevor er aufzog, um das Holz, darauf er stand, ein wenig zu verschnaufen, und urteilte bei sich: Der Topf ist währle bodalaus.

Indem der Spinnerinnen eine diesen Schwank erzählte, tat die Wirtin einen schlauen Blick zur Lau hinüber, welche lächelte; denn freilich wußte sie am besten, wie es gegangen war mit dieser Messerei; doch sagten beide nichts. Dem Ceser aber soll es unverhalten sein.

Die schöne Lau lag jenen Nachmittag auf dem Sand in der Tiefe, und, ihr zu Füßen, eine Kammerjungfer, Aleila, welche ihr die liebste war, beschnitt ihr in guter Ruh die Zehen mit einer goldenen Schere, wie von Zeit zu Zeit geschah.

Da kam hernieder langsam aus der klaren Höh' ein schwarzes Ding, als wie ein Kegel, des sich im Anfang beide sehr verwunderten, bis sie erkannten, was es sei. Wie nun das Lot mit neunzig Schuh den Boden berührte, da ergriff die scherzlustige Zofe die Schnur und zog gemach mit beiden Händen, zog und zog so lang', bis sie nicht mehr nachgab. Alsdann nahm sie geschwind die Schere und schnitt das Lot hinweg, erlangte einen dicken Zwiebel (der war erst gestern in den Topf gefallen und war fast eines Kinderkopfes groß) und band ihn bei dem grünen Schossen an die Schnur, damit der

Mann erstaune, ein ander Lot zu finden, als das er ausgeworfen. Derweile aber hatte die schöne Lau den Krackenzahn im Blei mit Freuden und Verwunderung entdeckt. Sie wußte seine Kraft gar wohl, und ob zwar für sich selbst die Wasserweiber oder Männer nicht viel danach fragen, so gönnen sie den Menschen doch so großen Vorteil nicht, zumalen sie das Meer und was sich darin findet, von Anbeginn als ihren Pacht und Lehn ansprechen. Deswegen denn die schöne Lau mit dieser ungefähren Beute sich dereinst, wenn sie zu Hause käme, beim alten Nix, ihrem Gemahl, Lobs zu erholen hoffte. Doch wollte sie den Mann, der oben stund, nicht lassen ohn' Entgelt, nahm also alles, was sie eben auf dem Leibe hatte, nämlich die schöne Perlenschnur an ihrem Hals, schlang selbe um den großen Zwiebel, gerade als er sich nunmehr erhob; und daran war es nicht genug: sie hing zuteuerst auch die goldene Schere noch daran und sah mit hellem Aug', wie das Gewicht hinaufgezogen ward. Die Zofe aber, neubegierig, wie sich das Menschenkind dabei gebärde, stieg hinter dem Lot in die Höhe und weidete sich zwo Spannen unterhalb dem Spiegel an des Alten Schreck und Verwirrung. Zuletzt fuhr sie mit ihren beiden aufgehobenen Händen ein maler viere in der Luft herum, die weißen Finger als zu einem Fächer oder Wadel ausgespreizt. Es waren aber schon zuvor auf des Vetters Seilers Geschrei viel Leut aus der Stadt herausgekommen, die standen um den Blautopf her und sahn dem Abenteuer zu, bis wo die grausigen Hände erschienen; da stob mit eins die Menge voneinander und entrann.

Der alte Diener aber war von Stund an irrsch im Kopf ganzer sieben Tage, und sah der Lau ihre Geschenke gar nicht an, sondern saß da bei seinem Vetter hinterm Ofen und sprach des Tags wohl hundertmal ein altes Sprüchlein vor sich hin, von welchem kein Gelehrter in ganz Schwabenland Bescheid zu geben weiß, woher und wie oder wann erstmals es unter die Leute gekommen.

Denn von ihm selber hatte es der Alte nicht; man gab es lang' vor seiner Zeit, gleichwie noch heutiges Tags, den Kindern scherzweis auf, wer es ganz hurtig nacheinander ohne Tadel am öftesten hersagen könne; und lauten die Worte:

's leit a Klötzle Blei glei bei Blaubeura,
glei bei Blaubeura leit a Klötzle Blei.

Die Wirtin nannt' es einen rechten Leirenbendel und sagte: „Wer hätte auch den mindesten Verstand da drin gesucht, geschweige eine Prophezeihung!"

Als endlich der Kurt mit dem siebenten Morgen seine gute Besinnung wiederfand und ihm der Vetter die kostbaren Sachen darwies, so sein rechtliches Eigentum wären, da schmunzelte er doch, tat sie in sichern Verschluß und ging mit des Seilers zu Rat, was damit anzufangen. Sie achteten alle fürs beste, er reise mit Perlen und Schere gen Stuttgart, wo eben Graf Ludwig sein Hoflager hatte, und biete sie demselben an zum Kauf. So tat er denn. Der hohe Herr war auch nicht karg und gleich bereit, so seltene Zier nach Schätzung eines Meisters für seine Frau zu nehmen; nur als er von dem Alten hörte, wie er dazu gekommen, fuhr er auf und drehte sich voll Ärger auf dem Absatz um, daß ihm der Wunderzahn verloren sei. Ihm war vordem etwas von diesem kund geworden, und hatte er dem Doktor, bald nach Herrn Konrads Hintritt, seines Vaters, sehr darum angelegen, doch umsonst.

Dies war nun die Geschichte, davon die Spinnerinnen damals plauderten. Doch ihnen war das Beste daran unbekannt. Eine Gevatterin, so auch mit ihrer Kunkel unter ihnen saß, hätte noch gar gern gehört, ob wohl die schöne Lau das Lot noch habe, und was sie damit tue, und red'te so von weitem darauf hin; da gab Frau Betha ihr nach ihrer Weise einen kleinen Stich und sprach zur Lau: Ja, gelt, jetzt macht Ihr Euch bisweilen unsichtbar, geht herum in den Häusern und guckt den Weibern in die Töpfe, was sie zu Mittag kochen? Eine schöne Sach' um so ein Lot für fürwitzige Leute!"

Inmittelst fing der Dirnen eine an, halblaut das närrische Gesetzlein herzusagen; die andern taten ein gleiches, und jede wollt' es besser können, und keine brachte es zum dritten- oder viertenmal glatt aus dem Mund; dadurch gab es viel Lachen. Zum letzten mußte es die schöne Lau probieren: die Jutta ließ ihr keine Ruh. Sie wurde rot bis an die Schläfe, doch hub sie an und klüglicherweise gar langsam:

's leit a Klötzle Blei glei bei Blaubeura

Die Wirtin rief ihr zu, so sei es keine Kunst; es müsse gehen wie geschmiert!
Da nahm sie ihren Anlauf frisch hinweg, kam auch alsbald vom Pfad ins Stoppelfeld, fuhr buntüberecks und wußte nimmer gicks noch gacks. Jetzt, wie man denken kann, gab es Gelächter, einer Stuben voll, das hättet ihr nur hören sollen, und mitten draus hervor der schönen Lau ihr Lachen, so hell wie ihre Zähne, die man alle sah!

46

Doch unversehens, mitten in dieser Fröhlichkeit und Lust, begab sich ein mächtiges Schrecken.

Der Sohn vom Haus, der Wirt - er kam gerade mit dem Wagen heim von Sonderbuch und fand die Unechte verschlafen im Stall - sprang hastig die Stiege herauf, rief seine Mutter vor die Tür und sagte, daß es alle hören konnten: „Um Gottes Willen schickt die Lau nach Haus! Hört Ihr denn nicht im Städtlein den Lärm? Der Blautopf leert sich aus, die untere Gasse ist schon unter Wasser, und in dem Berg am Gumpen ist ein Getös und Rollen, als wenn die Sintflut käme!" - Indem er noch so sprach, tat innen die Lau einen Schrei: „Das ist der König, mein Gemahl, und ich bin nicht daheim!" Hiermit fiel sie von ihrem Stuhl sinnlos zu Boden, daß die Stube zitterte. Der Sohn war wieder fort, die Spinnerinnen liefen jammernd heim mit ihren Rocken, die andern wußten aber nicht, was anzufangen mit der armen Lau, welche wie tot dalag. Eins machte ihr die Kleider auf, ein anderes strich sie an, das dritte riß die Fenster auf, und schafften doch alle miteinander nichts.

Da streckte unverhofft der lustige Koch den Kopf zur Tür herein, sprechend: „Ich hab' mir's eingebildet, sie wär' bei euch! Doch, wie ich sehe, geht's nicht allzu lustig her. Macht, daß die Ente in das Wasser kommt, so wird sie schwimmen!" -‚Du hast gut reden!" sprach die Mutter mit Beben. „Hat man sie auch im Keller und im Brunnen, kann sie sich unten nicht den Hals abstürzen im Geklüft? - „Was Keller!" rief der Sohn, „was Brunnen! Das geht ja freilich nicht. Laßt mich nur machen! Not kennt kein Gebot: ich trag' sie in den Blautopf." - Und damit nahm er, als ein starker Kerl, die Wasserfrau auf seine Arme. „Komm, Jutta - nicht heulen! - geh mir voran mit der Latern'! - „In Gottes Namen!" sagte die Wirtin. Doch nehmt den Weg hinten herum durch die Gärten! Es wimmelt die Straße mit Leuten und Lichtern." - „Der Fisch hat sein Gewicht," sprach er im Gehn, schritt aber festen Tritts die Stiege hinunter, dann über den Hof und links und rechts, zwischen Hecken und Zäunen hindurch.

Am Gumpen fanden sie das Wasser schon merklich gefallen, gewahrten aber nicht, wie die drei Zofen, mit den Köpfen dicht unter dem Spiegel, ängstlich hin und wieder schwammen, nach ihrer Frau ausschauend. Das Mädchen stellte die Laterne hin, der Koch entledigte sich seiner Last, indem er sie behutsam mit dem Rücken an den Kürbishügel lehnte. Da raunte ihm sein eigener Schalk ins Ohr: Wenn du sie küßtest, freute dich's dein Leben lang, und könntest du doch sagen, du habest einmal eine Wasserfrau geküßt. - Und eh' er es recht dachte, war's geschehen. Da löschte ein Schluck Wasser aus dem Topf das Licht urplötzlich aus, daß es stichdunkel war umher, und tat es dann nicht anders, als wenn ein halb Dutzend nasser Hände auf ein paar kernige Backen fiel, und wo es sonst hintraf. Die Schwester rief: „Was gibt es denn?" - „Maulschellen heißt man's hier herum!" sprach er. „Ich hätte nicht gedacht, daß sie am Schwarzen Meer sottige Ding' auch kenneten!" - Dies sagend stahl er sich eilends davon, doch weil es vom Widerhall drüben am Kloster auf Mauern und Dächern und Wänden mit Maulschellen brazzelte, stund er bestürzt, wußte nicht recht wohin, denn er glaubte den Feind vorn und hinten. (Solch einer Witzung brauchte es, damit er sich des Mundes nicht berühme, den er geküßt, unwissend zwar, daß er es müssen tun der schönen Lau zum Heil.)

Inwährend diesem argen Lärm nun hörte man die Fürstin in ihrem Ohnmachtschlaf so innig lachen, wie sie damals im Traum getan, wo sie den Abt sah springen. Der Koch vernahm es noch von weitem, und ob er's schon auf sich zog und mit Grund, erkannte er doch gern daraus, daß es nicht weiter Not mehr habe mit der Frau.

Bald kam mit guter Zeitung auch die Jutte heim, die Kleider, den Rock und das Leibchen im Arm, welche die schöne Lau zum letztenmal heut' am Leibe gehabt. Von ihren Kammerjungfern, die sie am Topf im Beisein des Mädchens empfingen, erfuhr sie gleich zu ihrem großen Trost, der König sei noch nicht gekommen, doch mög' es nicht mehr lang' anstehn; die große Wasserstraße sei schon angefüllt. Dies nämlich war ein breiter, hoher Felsenweg, tief unterhalb den menschlichen Wohnstätten, schön grad und eben mitten durch den Berg gezogen, zwo Meilen lang von da bis an die Donau, wo des alten Nixen Schwester ihren Fürstensitz hatte. Derselben waren viele Flüsse, Bäche, Quellen dieses Gaues dienstbar; die schwellten, wenn das Aufgebot an sie erging, besagte Straße in gar kurzer Feit so hoch mit ihren Wassern, daß sie mit allem Seegetier, Meerrossen und Wagen füglich befahren werden mochte, welches bei festlicher Gelegenheit zuweilen als ein schönes Schaugepräng mit vielen Fackeln und Musik von Hörnern und Pauken geschah.

Die Zofen eilten jetzo sehr mit ihrer Herrin in das Putzgemach, um sie zu salben, zöpfen und köstlich anzuziehen, das sie auch gern zuließ und selbst mithalf; denn sie in ihrem Innern fühlte, es sei nun jegliches erfüllt zusamt dem Fünften, so der alte Nix und sie nicht wissen durfte.

Drei Stunden wohl, nachdem der Wächter Mitternacht gerufen (es schlief im Nonnenhof schon alles), erscholl die Kellerglocke zweimal mächtig, zum Zeichen, daß es Eile habe, und hurtig waren auch die Frauen und die Töchter auf dem Platz.

Die Lau begrüßte sie wie sonst vom Brunnen aus, nur war ihr Gesicht von der Freude verschönt, und ihre Augen glänzten, wie man es nie an ihr gesehen. Sie sprach: „Wißt, daß mein Ehgemal um Mitternacht gekommen ist! Die Schwieger hat es ihm voraus verkündigt ohnelängst, daß sich in dieser Nacht mein gutes Glück vollenden soll, darauf er ohne Säumen auszog mit Geleit der Fürsten, seinem Ohm und meinem Bruder Synd und vielen Herren. Am Morgen reisen wir. Der König ist mir hold und gnädig, als hieß' ich von heute an erst sein Gespons. Sie werden gleich vom Mahl aufstehn, sobald sie den Umtrunk gehalten. Ich schlich auf meine Kammer und hierher, noch meine Gastfreunde zu grüßen und zu herzen. Ich sage Dank, Frau Ahne, liebe Jutta, Euch Söhnerin und Jüngste dir. Grüßet die Männer und die Mägde! In jedem dritten Jahr wird euch Botschaft von mir; auch mag es wohl geschehn, daß ich noch bälder komme selber: da bring' ich mit auf diesem meinen Armen ein lebend Merkmal, daß die Lau bei euch gelacht. Das wollen euch die Meinen allezeit gedenken, wie ich selbst. Für jetzo, wisset, liebe Wirtin! ist mein Sinn, einen Segen zu stiften in dieses Haus für viele seiner Gäste. Oft habe ich vernommen, wie Ihr den armen wandernden Gesellen Guts getan mit freier Zehrung und Herberg'. Damit Ihr solchen fortan mögt noch eine weitere Bandreichung tun, so werdet Ihr zu diesem Ende finden beim Brunnen hier einen steinernen Krug voll guter Silbergroschen: davon teilt ihnen nach Gutdünken mit! und ich will das Gefäß, bevor der letzte Pfennig ausgegeben, wieder füllen. Zudem will ich noch stiften auf alle hundert Jahr fünf Glückstage (denn dies ist meine holde Zahl) mit unterschiedlichen Geschenken also, daß wer von reisenden Gesellen der erste über Eure Schwelle tritt am Tag, der mir das erste Lachen brachte, der soll empfangen aus Eurer oder Eurer Kinder Hand von fünferlei Stücken das Haupt. Ein jeder, so den Preis gewinnt, gelobe, nicht Ort noch Zeit dieser Bescherung zu verraten. Ihr findet aber solche Gaben jedesmal hier nächst dem Brunnen. Die Stiftung, wisset! mache ich für alle Zeit, solang' ein Glied von Eurem Stamme auf der Wirtschaft ist."

Nach diesen Worten nahm sie nochmals Abschied und küßte ein jedes. Die beiden Frauen und die Mädchen weinten sehr. Sie steckte Jutten einen Fingerreif mit grünem Schmelzwerk an und sprach dabei: „Ade, Jutta! Wir haben zusammen besondere Holdschaft gehabt, die müsse fernerhin bestehen!" Nun tauchte sie hinunter, winkte und verschwand.

In einer Nische hinter dem Brunnen fand sich richtig der Krug
samt den verheißenen Angebinden. Es war in der Mauer ein
Loch mit eisernem Türlein versehen, von dem man nie gewußt,
wohin es führe; das stand jetzt aufgeschlagen, und war daraus
ersichtlich, daß die Sachen durch dienstbare Hand auf diesem
Weg seien hergebracht worden, deshalb auch alles wohl
trocken verblieb. Es lag dabei ein Würfelbecher aus
Drachenhaut, mit goldenen Buckeln beschlagen, ein Dolch mit
kostbar eingelegtem Griff, ein elfenbeinen Weberschifflein, ein
schönes Tuch von fremder Weberei und mehr dergleichen.
Aparte aber lag ein Kochlöffel aus Rosenholz mit langem Stiel,
von oben herab fein gemalt und vergoldet, den war die Wirtin
angewiesen dem lustigen Koch zum Andenken zu geben. Auch
keins der andern war vergessen.

Frau Betha hielt bis an ihr Lebensende die Ordnung der guten
Lau heilig, und ihre Nachkommen nicht minder. Daß jene sich
nachmals mit ihrem Kind im Nonnenhof zum Besuch
eingefunden, davon zwar steht nichts in dem alten Buch, das
diese Geschichten berichtet, doch mag ich es wohl glauben.

Kapitel 3

(Es) waren seit der Fürstin Abschied nah bei hundert Jahr vergangen, als unser Seppe, der Schuster, im Dörflein Suppingen vom Wagen stieg, dem Bäuerlein noch vielmals dankte und sich von ihm den Weg Blaubeuren zu nachweisen ließ. Bis Mittag, sagte der Mann, könne er gar wohl dort sein.

Das hätte sich auch nicht gefehlt, bald aber fing sein Hühneraug' ihn wieder zu buksieren an. Er mußte alle fünfzig Schritt hinsitzen, und wenn er einmal saß, trat er das Rad so fleißig, als wenn er auf Bestellung zu arbeiten hätte. Endlich zum letztenmal riß er sich auf und hinkte vollends die Steig hinab.

Sie läuteten im Kloster drei, da er ins Städtlein kam.
Während er nun auf die Herberge zuging, lief eben Jörg Seysolff, der Wirt und Bräumeister, über den Hof und sprach zu seinem Weib, die auf der Hausbank saß und ihren Salat zum Abendessen putzte: „Schau, Emerenz, da kommt auch schon der dritt'!" - „Ei, weiß Gott!" sagte sie, „und ist ein

Unterländer." - „Ach mein, knappt der daher! dem sei es
'gunnt."

Der Seppe sah hoch auf, als ihn die Leute so mit sonderlicher
Freundlichkeit begrüßten. Sie gingen alle beide gleich mit ihm
hinauf. Er ließ sich eine Halbe geben, ein Sauerkraut mit
Schweinefleisch aufwärmen.

Der Wirt, wie er vernahm, daß er von Stuttgart käme, frug ihn
nach dem und jenem: ob sie auch Hagelwetter drunten hätten,
was jetzt die Gerste gelte, bis wann des Grafen Jüngste
Hochzeit habe, von deren Schönheit man überall höre. Der
Seppe diente ihm auf alles ordentlich, dagegen er sich übers
Essen manches von hiesigen Geschichten, besonders von dem
Wasserweib, erzählen ließ. Auch zeigte ihm der Wirt das alte
Konterfei von ihr im Hausgang an der Stiege sowie das
herrliche Kunstwerk, den Bauren-Schwaiger, an welchem er
sich nicht satt sehen und hören konnte. „Der den gemacht
hat", sagt' er, „den laßt mir einmal einen Dreher heißen!" -
„Ja," meinte Jörg, „die Arbeit ist auch nicht an einem Tag
gemacht." - „Will's glauben!" sagte der Seppe und seufzte, denn
er gedachte an seine Dreherei.

Nachdem er nun gegessen und getrunken, frug er nach seiner
Schuldigkeit. „Zween Batzen!" war die Antwort. Die legte der
Seppe auf den Tisch. „Bekämt Ihr sechzehn Kreuzer 'naus,"
sagte der Wirt, zählte sie hin und steckte die zween Batzen ein,
wie wenn es sich so in der ganzen Welt von selbst verstünde.
Es war jedoch ein alter Brauch von der Frau Betha Zeiten her,
den Reisenden auf solche Weise ihren Zehrpfennig zu reichen.
Der Schuster lächelte, als wollt' er fragen: „Wie ist das
gemeint?" - „Laßt's gut sein, lieber Gesell!" sprach Jörg

Seysolff. „Kommt mit zu meinem Ehni! der sagt Euch schon mehr."

Er führte ihn durch einen langen Gang an eine stille Tür, die tat er vor ihm auf. Da saß in einer säuberlichen Stube ein gar schöner Greis von achtzig Jahren in einem Sorgenstuhl beim Fenster. Die Sonne fiel eben ein wenig zwischen den Vorhänglein durch auf einen kleinen Tisch, so vor ihm stand, schneeweiß gedeckt, darauf nichts weiter denn ein blauer Topf mit Wasser und noch etwas in einem Tuche war. Der Alte aber war der kleine Hans, Frau Bethas Herzblatt gewesen. Er redete den Schuster in Gegenwart des Wirtes also an:

Hab' Gott zum Gruß auf dieser Schwell'!
Obwohl das Glück dein Reis'gesell,
Ob solches mit dir in der Wiegen
Von Mutterleib aus kam zu liegen,
Ob du es in dem Gürtel hegest,
Ob du es in den Sohlen trägest.

Hierauf behändigte der Greis dem Seppe das Tüchlein und sprach: „Du magst es einmal, wenn du Meister bist und gründest deinen eignen Herd, deiner Liebsten verehren, am Heiratstag, dazu dir aller Segen werde."

Was aber war im Tuch? Eine silberne Haube; man konnte nichts Schöneres sehen. Der Seppe wäre deckenhoch gesprungen, wenn sich's geschickt hätte.

Nun sagte ihm der Alte, wem er das Angebind verdanke; dann ließ er ihn Verschwiegenheit geloben, zu dessen sichtlicher Bekräftigung er einen Finger in dem Topf netzen und auf den Mund legen mußte. Auch gab er dem Gesellen noch eine christliche Vermahnung, empfing den Dank desselben, und ganz am End' empfahl er ihm, wenn er ein Klötzlein Blei von ungefähr wo finde hier herum, so möge er solches daher in den Nonnenhof bringen. In seines Herzens Freude fast hätte er's versprochen: da fiel ihm zum Glück noch der Pechschwitzer ein; deswegen er sagte: „Ich will sehn."

Jetzt machte er sich auf die Bahn und lenkte seine Schritte zuvörderst hinter das Kloster, wo ihm der Quell gleich in die Augen strahlte. So viel man ihm davon gerühmt, doch hätte er sich solche Wunderpracht in seinem Sinn nicht eingebildet, und meinte er bei sich, es sei nicht anders denn als wenn zum wenigsten ein Stücker sechs Blaufärber samt einem vollen Kessel eben erst darin ersoffen wären.

Wie er sich recht daran ersättigt und im Andenken an das Wasserweib etliche Vaterunser aus gutem Herzen für ihr Heil gebetet hatte (denn er der Meinung war, sie sitze schon bei hundert Jahr samt andern armen Heidenseelen auf der hellen Wiese, da sie in Wahrheit jung und schön wie ehedem noch bei den Ihren lebte), vergaß er auch das Klötzlein nicht, nach welchem so viel Fragens war. Er hatte von dem Doktor Veylland und dem Lot schon als ein kleiner Bube den Urgroßvater hören erzählen. Der Bauer wußte nichts davon; den Wirt im Nonnenhof befrug er aber nicht, weil ihm erst jetzt einkam, es sei mit dem Blei wohl gar dasselbe Lot gemeint. Nun sah er hinter manchen Busch und Baum und weiterhin an seiner Straße hier und dort in einen Graben, fand aber nichts dergleichen und ließ sich endlich deshalb keine grauen Haare wachsen.

Der Schmerzen seines Fußwerks ganz und gar vergessen und nichts als Glücksgedanken und Habergeisen in dem Kopf, hinkt' er so immerfort das Blautal hinunter. Bisweilen, wenn es ihm sein Linker zu arg machte, hockt' er auf einen Stein, packte die silberne Haube heraus und legte sie vor sich aufs Knie, an seinen zukünftigen Schatz dabei denkend. Es war nur gut, daß ihm nicht wissend, was schon zween andere Gesellen, ein Feilenhauer und ein Nagelschmied, nur eine halbe Stunde, eh' er kam, aus dem Nonnenhof davongetragen:

er hätte seine Haube nur noch mit halben Freuden angesehen. Die beiden Bursche waren auf der Steig hinter der Stadt an dem Schuster vorübergekommen und hatten ihn gegrüßt, doch weil er eben saß und in Gedanken mit dem Rad im besten Werken war, so sah er gar nicht auf und brummte nur so für sich hin: „Schön guten Morgen!" - obzwar die Sonne ihm von Abend auf den Buckel schien. „Ja, Morgen nach dem Bad!" sagte der eine, und lachten sich beide die Haut voll darüber.

Mit sinkender Nacht kam er wohl- oder übelbehalten nach Ulm.

Es war gerade Markt und hie und da Musik und Tanz. Er trat in eins der nächsten Wirtshäuser, wo ihrer sechs Gesellen beim Wein an einem Tisch beisammen saßen und einen Rundgesang anstimmten. Mann für Mann sang einzeln sein Gesetz, darauf mit Macht der Chor einfiel und sie alle die Gläser anstießen. Der Leser mag wohl so viel Verse vernehmen, als sie eben jetzt sangen; das Lied im ganzen ist viermal so lang.

Erster Gesell:
Seid ihr beisammen all'?
Ihr Freund', auf allen Fall
Zeigt eure Professionen an,
Daß wir nach Sitten stoßen an
Mit großem Freudenschall!

Chor: Zeigt eure Professionen an!
Daß wir nach Sitten stoßen an!

Zweiter:

Eine Wiege vor die Freud',
Eine Bahre vor das Leid:
Meinem Hobel ist das alles gleich,
Der denkt: Ich mach' den Meister reich,
Spän' gibt es allezeit.

Chor: Seinem Hobel ist usw.

Dritter:
Meine Arbeit ist wohl fein,
Von Gold und Edelstein!
Allein das kriegt man bald gar satt,
Zumal man es nicht eigen hat:
Gebt mir so güldnen Wein!

Chor;
Ich glaub's ihm schon, das wird man satt usw.

Vierter:
Wen freut ein kecker Mut,
Nicht dau'rt sein junges Blut,
Ich schaff ihm Wehre mannigfalt,
Zu Scherz und Ernst, wid'r Feindsgewalt;
Mein Zeug ist allweg gut.

Chor:
Und gilt es wider Feindsgewalt,
Ein Spieß und Schwert uns auch gefallt.

Fünfter:
Der Schneider sitzt am Glas:
Vom Wirt nehm' ich die Maß.
Zu Hause schaff ich gar nicht viel,

Meine Stich' mach' ich beim Kartenspiel,
Da weiß ich doch, für was.

Chor:
Ei, Bruder Leipziger, bessr' Er sich!
Denn, sieht Er, das ist liederlich.

Sechster:
Meine Kunst, das glaubt gewiß!
Schreibt sich vom Paradies.
Von Mägdlein bin ich wertgeschätzt,
Ich hab' ja, was ihr Herz ergötzt:
Veiel und Röslein süß.

Chor:
Von Mägdlein ist er usw.

Jetzt kam die Reihe an den Schuster, und da derselbe sein
Gesetzlein so aus froher Kehle sang, ward es dem Seppe um
den Brustfleck weh, daß er sein gutes Handwerk lassen sollte.
Dabei vermerkte er, wie ihn sein rechter Schuh zweimal ganz
weidlich vor Vergnügen zwickte, so zwar, wie wenn er sagen
wollte: Hörst du, Narr?

Erster:
Gebt meinem Stand die Ehr'!
Den Schuster braucht man sehr.
Zwar führ' ich nicht den besten Gout,
Allein wer macht euch Hochzeitschuh,
Wenn ich kein Schuster wär?

Chor:
Zwar führt er nicht usw.

Dem Seppe quoll bereits das Wasser in den Augen; er sprach bei sich mit ingrimmigen Schmerzen: Du bist kein Schuster und bist auch kein Dreher, du bist der wirtembergisch Niemez! Und schwur in seiner Seele, hinfort zu bleiben, was er war.

Zweiter:
Und wer kein Pietist
Und auch kein Hundsfott ist,
Der mag sich wohl beim Wein erfreun.
Mein letzter Schluck soll ehrlich sein!
So meint's ein guter Christ.

Chor:
Stoßt an, Kameraden, stimmet ein:
Mein letzter Schluck soll ehrlich sein!

Hier stand der Seppe auf, trat hin zu den Kompanen und grüßte mit bescheidener Ansprache. Da machten sie ihm Platz an ihrem Tisch, tranken ihm zu und hörten, was für ein Landsmann er sei, welches Gewerbs, wohin er wollte.
„Warum bleibt Ihr nicht hier?" sagte Vinzenz, der Schuster: „In Ulm ist es schön, und Arbeit findet Ihr dermal genug." - Er ließ sich nicht schwer überreden, und schon den andern Tag stand er bei einer jungen Witwe ein, von welcher ihm der Herbergvater sagte.

Als er das erstemal in deren Haus einging, empfing er eine Warnung: sein Rechter wollte nicht über die Schwelle; doch achtete er weiter nicht darauf.

Die Witwe war eine schöne Person, und wie der Seppe schon nicht leicht mehr eine ansah, daß ihm nicht einfiel, was der Pechschwitzer sagte: „Vielleicht begegnet dir dein Glück einmal auf Füßen," so prüfte er auch jetzt, obwohl mit schüchternen Blicken, die stattliche Frau. Sie sah sehr blaß, nicht gar vergnügt und sparte ihre Worte gegen jedermann.
Ihr Tun in allen Dingen war aber sanft und klug, so daß sie einen jungen Mann wohl locken konnte.

Es mag zuvor schon manchem so mit ihr gegangen sein, beim Seppe blieb es auch nicht aus, und desto minder, da ihm nach den ersten Wochen deuchte, er gelte vor den andern etwas bei der Meisterin. Geschah es, das sie ihrer einen nötig hatte zu einer kleinen Hilfe außerhalb der Werkstatt, dann rief sie immer zehnmal gegen eines ihn vom Stuhl hinweg, und wenn er Samstags für die Küche Holz klein sägte, sie aber backte eben Zwiebelkuchen, da trug sie ihm gewiß ein Stück, warm von dem Ofen weg, zum voraus in den Schopf hinaus; das schmeckte zu solchem Geschäft aus der Faust ganz außer Maßen.

Von dort an aber gebärdeten sich des Hutzelmanns lederne Söhne sehr übel; insonderheit auf der Gesellenkammer war oft die halbe Nacht in Seppes Kasten, wo sie standen, ein Gepolter und Gerutsch, als hätten sie die ärgsten Händel miteinander, und die Gesellen schimpften und fluchten nicht wenig deshalb. „Es ist der Marder," sagten sie. „Er hat den alten Schlupf zwischen den Dielen wieder gefunden; wird nicht viel fehlen, hat er Junge; wir brechen morgen auf und bescheren ins Kindbett." - Der Seppe schwieg dazu; am andern Morgen aber holt' er in der Stille einen schweren platten Stein aus einem Bühnenwinkel vor, den stellte er bedachtsam mit dem Rand auf sie, quer über den Reihen. „So," sprach er, „jetzt, ihr Ketzer, ihr schwernötige, jetzt bocket, gampet und durnieret, wenn ihr könnt!" - Da molestierten sie hinfort auch niemand mehr.

Nun, lieber Leser, ist es Zeit, daß du erfahrest, wie es derweil ergangen mit dem andern Paar, das der Gesell an jenem Morgen auf der Brücke ließ, als er aus Stuttgart wanderte.

Nicht tausend Schritt war er hinweg, kam eine Bäuerin von Häslach her und sah die Schuh. Die hat der Böse hingestellt mir zur Versuchung! dachte sie, bekreuzte sich und lief ihrer Wege. Spazierte drauf - denn es war Feiertag - ein Seifensieder aus der Stadt gemächlich, nach seinem Weinberg auszuschauen. Derselbe aber war ein Frommer. Wie er die herrenlose Ware sieht, denkt er: Wie geht das zu? Die wären meiner Frau wie angemessen! Ich will mich nicht vergreifen, das sei fern: nur wenn ich wiederkomme und sie steh'n noch da, mag mir's ein Zeichen sein, daß sie der liebe Gott mir schenkt für meine Christel. Damit das Pärlein aber nicht etwa von der Sonnenhitze leide, nahm es der kluge Mann und stellte es unter die Brücke in Schatten, wo es nicht leicht ein Mensch entdecken mochte.

Bald darauf kommt aus dem Tor ein sauberes Bürgermädchen, Vrone Kiderlen, einer Witfrau Tochter; trug ein Grättlein am Arm und wollte Himbeeren lesen im Bubsinger Wald (der hatte seinen Namen von einer Ortschaft auf dem Berg, von welcher heutzutag die Spur nicht mehr vorhanden ist, doch heißt der Wald daher noch jetzo der Bopser). Indem sie nun über das Brücklein geht, patscht etwas unten, und so ein paarmal nacheinander.

Was mag das sein? denkt sie und steigt hinunter an den Bach. „Heilige Mutter! nagelneue Schuh!" ruft sie und schaut sich um, ob sie nicht jemand sehe, der sie vexieren wollte oder ihr den schönen Fund tun ließ, weil eben heut' ihr Wiegentag war. Sie nahm das Paar, zog es zur Probe einmal an und freute sich, wie gut es ihr paßte, und wie gar leicht sich darin gehen ließ. Bald aber kam ihr ein Bedenken an, und schon hat sie den einen wieder abgestreift; der andere hingegen wollte ihr nicht mehr vom Fuß. Sie drückte, zog und preßte, daß ihr der Schweiß ausbrach, half nichts - und war sie doch so leicht hineingekommen!

Je mehr sie diesem Ding nachdachte, desto verwunderlicher kam's ihr vor. So eine verständige Dirne sie war, am Ende glaubte sie gewiß, die Schuhe seien ihr von ihrer Namensheiligen Veronika auf diesen Tag beschert, und dankte alsbald der Patronin aus ehrlichem Herzen. Dann zog sie ohne weiteres auch den andern wieder an, schob ihre alten in den Deckelkorb und stieg getrost den Berg hinauf.

Im Wald traf sie ein altes Weib bereits im Himbeerlesen an. Diese gesellte sich zu ihr, obwohl sie einander nicht kannten. Während aber beide so hin und her suchten, geschah's, daß sich der Vrone an den linken Fuß eine kostbare Perlenschnur hing, die da im Moos verloren lag. Das Mädchen merkt es nicht und trat beim nächsten Schritt von ungefähr sich mit dem andern Schuh die Schnur vom linken los; das sah das Weib von hinten, hob heimlich das Geschmeide auf und barg's in ihrem Rock.

Die Schnur war aber keine andere denn jene von der schönen Lau und war an die Tochter des jetzigen Grafen, die schöne Irmengard, von dessen Frau Ahne vererbt.

Als endlich die zwei nacheinander heimgingen, verkündigte just in den Straßen des Grafen Ausrufer, daß gestern im Bupsinger Forst unfern dem Lusthaus ein Nuster mit Perlen verloren gegangen, und wer es wieder schaffe, dem sollten fünfzehn Goldgulden Finderlohn werden. Da freute sich das Weib, zog eilig ihre besten Kleider daheim an, kam in das Schloß und ward sogleich vor die junge Gräfin gelassen. „Ach Frau, ach liebe Frau!" rief diese ihr schon in der Tür entgegen. „Ihr habt wohl mein Nuster gefunden? Gebt her, ich will es Euch lohnen!"

Nun zog das Weib ein Schächtelein hervor, und wie das Fräulein es aufmachte, lagen sechs oder sieben zierliche Mausschwänze darin, nach Art eines Halsbands künstlich geschlungen. Das Fräulein tat einen Schrei und fiel vor Entsetzen in Ohnmacht. Das Weib, in Todesängsten, lief davon, ward aber von der Wache auf den Gängen festgenommen und in Haft zu peinlichem Verhör gebracht. Darin bekannte sie nichts weiter, als daß sie da und da den Perlenschmuck vom Boden aufgehoben und ihn, so schön, wie er gewesen, daheim in die Schachtel getan, der guten und ehrlichen Meinung, das gnädige Fräulein damit zu erfreuen. Im Wald sei aber eine Dirn an sie geraten, die müss' es mit dem Bösen haben; von dieser sei der Streich. - Weil nun der Graf nicht wollte, daß man bei so bewandten Sachen viel Aufhebens mache, da mit Gewalt hier nichts zu richten sei, ließ man das Weib mit Frieden. Zum Glück kam nichts von ihren Reden an die Vrone: sie wäre ihres guten Leumunds wegen drob verzweifelt.

Auch anderweits erlebte sie in ihren Wunderschuhen viel Unheil, obwohl der Segen nicht ganz mangelte. Als zum Exempel ging sie Sonntag nachmittag gern über einen Wiesplatz hinter ihrem Haus, eine Gespielin zu besuchen, da stieß sie sich ein wie das anderemal an so ein kleines verwünschtes Ding von einem Stotzen, wie sie pflegen auf Bleichen im Wasen zu stecken, fiel hin, so lang sie war, hub aber sicher einen Fund vom Boden auf: nicht allemal ein

Stücklein altes Heidengold, einen silbernen Knopf oder Wirtel, dergleichen oft der Maulwurf aus der Erde stößt, doch war ihr ein ehrliches Gänsei, noch warm vom Legen, gewiß. Besonders ging es ihr beim Tanz: da sah man sie zuweilen so konträre, wiewohl kunstreiche Sprünge tun, daß alles aus der Richte kam und sie sich schämen mußte. Als ein gutes und fröhliches Blut zwar zog sie sich's nicht mehr als billig zu Gemüt und lachte immer selbst am ersten über sich; nur hieß es hinterdrein: „Schad' um die hübsche Dirne, sie wird mit einem Mal ein ganzer Dapp!" Die eig'ne Mutter schüttelte den Kopf bedenklich, und eines Tages sagte sie, als ginge ihr ein Licht wie eine Fackel auf, zur Tochter: „Ich wette, die vertrackten Schuh allein sind schuld! Der Alfanz hat mir gleich nur halb gefallen; wer weiß, was für ein Rauner sie hingestellt hat!" - Das Mädchen hatte selber schon an so etwas gedacht, jedoch verstand sie sich nicht leicht dazu, sie gänzlich abzuschaffen; sie waren eben gar zu gut und dauerhaft. Indes ging sie noch jenen Tag zum Meister Bläse, sich ein Paar neue zu bestellen. Es war derselbige, bei welchem es der Seppe nicht aushalten mögen. Die Vrone sah auf dessen Stühlchen ungern einen andern sitzen; sie hatte ihn gekannt und gar wohl leiden können.

Wie nun der alte Bläse ihr das Maß am Fuß nahm, stachen ihm die fremden Schuhe alsbald in die Augen. Er nahm den einen so in seine feiste Hand, betrachtete ihn stillschweigend lang' und sagte: „Da hat Sie was Apartes.
Darf man fragen, wo die gemacht sind ?" - Das Mädchen, welches bis daher von ihrem Fund noch weiter niemand hatte sagen wollen, gab scherzweis zur Antwort: „Ich hab' sie aus dem Bach gezogen." - Die fünf Gesellen lachten, der Alte aber brummte vor sich hin: „Das könnt' erst noch wahr sein!"

Am Abend in der Feierstunde sprach er zu seinem Weib und
seiner Tochter Sara: „Ich will Euch etwas offenbaren. Die
Kiderlen hat ein Paar Glücksschuh am Fuß; ich kenne das
Wahrzeichen." - „Ei," meinte die Tochter aus Neid, „sie haben
ihr noch keinen Haufen Geld und auch noch keinen Mann
gebracht." - „Es kann noch kommen," versetzte der Alte. -
„Wohl," sagte die Mutter, „wenn man sie ihr nur abführen
könnt'!
Ich wollte so etwas der Sare gönnen." - Da beschlossen sie
dann miteinander, der Vater solle ein Paar Schuh wie diese
machen und die Sare sie heimlich verwechseln. Der Mann
begab sich gleich den andern Morgen an die Arbeit. So häkelig
sie war, dennoch, die feinen, wundersam gezackten Nähte, die
rote Fütterung mit einem abgetragenen Stück Leder, alles
zumal geriet so wohl, daß er selbst sein Vergnügen dran hatte.
Die böse List ins Werk zu setzen, ersannen sie bald auch Mittel
und Wege.

Dicht bei der Stadt, wo man herauskommt bei dem Tor,
welches nachmals, von dortiger Schießstatt her, das
Büchsentor hieß, sah man zu jener Zeit noch einen schönen,
ansehnlichen Weiher, ähnlich dem Feuersee, der eine gute

Strecke weiter oben dermalen noch besteht. Am Ufer war ein Balken- und Brettergerüst mit Tischen und Bänken hinein in das Wasser gebaut, wo die Frauen und Dirnen der Stadt ihre Wäsche rein zu machen pflegten. Hier stunden sie manchmal zu vierzig oder fünfzig, seiften und rieben um die Wette und hatten ein Gescherz und Geschnatter, daß es eine Lust war, alle mit bloßen Armen und Füßen. Nun paßten des Schusters wohl auf, bis die Vrone das nächstemal wusch; denn Bläses Haus lag hart am See, und stieß das Wasser unten an die Mauer. Auf einen Mittwoch Morgen, da eben schönes warmes Wetter war, kam denn die junge Kiderlen mit einer Zaine; geschwind sprang auch die Sare mit der ihren und traf es glücklich, neben sie an einen Tisch zu kommen. Da stellten beide ihre Schuh, wie es der Brauch war, unter die Bank.

Die Vrone hatte seit acht Tagen heute das erstemal ihr Glückspaar wieder angelegt, mit Fleiß: denn weil sie richtig dieser ganzen Zeit das Melkfaß nimmer umgestoßen, das Spinnrad nimmer ausgetreten noch sonst einen bösen Tritt getan, so wollte sie, des Dinges ganz gewiß zu sein, jetzo die Gegenprobe machen. Die falsche Diebin war mit den paar Laken, so sie mitgenommen, in einer Kürze fertig, schlug sie zusammen, bückte sich, stak in einem Umsehn in des Pechschwitzers Schuhen, schob ihres Vaters Wechselbälge dafür hin und: „Bhüt' Gott, Vronele! mach' au bald ein End!" - mit diesen Worten lief sie fort, frohlockend ihrer wohlvollbrachten Hinterlist. Und als die andre nach drei Stunden, um die Essenszeit, vergnügt auch heimging unter den letzten, nahm sie der Täuscherei nicht im geringsten wahr.

Der Pechschwitzer aber, der wußte den Handel haarklein und dachte jetzt darauf, wie er dem Bläse gleich die nächste Nacht den Teufel im Glas zeigen wolle.

Derselbe hatte allezeit, besonders auf die Krämermärkte, dergleichen eben wieder einer vor der Türe war, einen großen Vorrat seiner Ware in einer obern Kammer, die nach dem See hinausging, liegen. Nach zwölfe in der Nacht vernahm die Schusterin ein seltsames Pflatschen auf dem Wasser, stieß und erweckte ihren Mann, damit er sehe, was sei. - „Ei, was wird's sein! Die Fisch' hant öfters solche Possen." - Er war nicht wohl bei Mute, hatte gestern beim Wein einen Bösen getan, und hub gleich wieder an zu schnarchen und zu raunsen. Sie ließ ihm aber keine Ruh, bis er herausfuhr und ein Fenster auftat. Erst rieb er sich die Augen, alsdann sprach er verwundert: „Der See ist schwarz und g'rutzelt voll mit Wasserratten, weit hinein, wohl fünfzehn Ellen von der Mauer. Junge und alte, Kerl wie die Ferkel sind darunter! Man sicht's perfekt, es ist sternhell. Ei, ei, sieh, sieh die garstige Kogen! Wie sie die Schwänz' für Wohlsein schwenken, schlurfen, rudern und schwimmen! Ursach ist aber, weil es diese Zeit so heiß gewesen, da bad't das Schandvolk gern."

Dem Bläse kam es so besonder und kurzweilig vor, daß er sich einen Stuhl ans Fenster ruckte, die Arme auf den Simsen legte und das Kinn darauf. So wollte er der Sache noch eine Weile warten. Die Augen wurden ihm allgemach schwer und fielen ihm gar zu, doch fuhr er fort zu seinem Weib zu sprechen, welches inmittelst wieder eingedoset war, unsinnige verkehrte Reden, wie einer führt im Traum und in der Trunkenheit. „Du Narr," sprach er, „was Armbrust, Bolz und Spieß in solchen Haufen! das würd' viel batten. . . Mordsakerlot, ich wollt', das Bulver wär' erfunden allbereits! Mit drei, vier Traubenschuß aus einer Quartan-Schlang' oder Tarras wollt' ich nicht schlecht aufräumen da unter der Bagasche!"

Jetzt aber tat es wiederum Patsch auf Patsch. Der Schuster streckte seinen Kopf hinaus und wußte nicht, woran er sei mit allen seinen fünf Sinnen. Denn es flog nur so mit den Tieren aus dem Kammerladen über ihm, ja unversehens fuhr ihm deren eines an den Schädel, und wie er's packt in seiner Faust, da sah es wahrlich einem schweren Bauernstiefel von seiner eigenen Arbeit gleich aufs Haar! Voll Schrecken rief er seinem Weib, schrie die Gesellen aus dem Schlaf, und bis sie kamen, pflanzet' er sich mit einem Prügel an der Tür der obern Bodenstiege, damit ihm der Spitzbuben keiner entkomme. Allein es ließ sich niemand sehn noch hören, und als die Gesellen erschienen, die Bühne wohl umstellten und der beherzteste von ihnen die Kammertür aufriß und keine Menschenseele zu verspüren war, fiel dem Bläse das Herz in die Hosen. Er sagte leis zu seiner Frau: „Die Sach' steht auf Saufedern, Weib! Es steckt, schätz' ich, ein anderer dahinter, der ist mir zu gewaltig!" Und nannt' ihr den Pechschwitzer. Die Schusterin, die sonst ein Maul als wie ein Scharsach führte, war da auf einmal zahm, bebte an allen Gliedern, und so die Tochter auch. Der Bläse aber sprach zu den Gesellen: „Macht keinen Lärm! Geht vor in Nachbar Lippens Hof, des Fischers, macht in der Stille ein paar Nachen los, nehmt, was ihr findet an Stangen und Netzen! Wir müssen alle Waren noch vor Tag zusammenbringen, sonst hab' ich Schand und Spott der ganzen Stadt."

Indem sie gingen, rannte schon der Fischer über die Gasse und auf sie zu. Der hatte eben auf den See gehn wollen etlicher Karpfen wegen auf die Freitagsfasten, sah das wunderliche Wesen und lief, es dem Schuster zu melden. Indem sie nun zu sieben samt dem Lipp, in zwei Schifflein verteilt, bald hier, bald dorthin stachen, faheten und suchten, begann es von neuem zu werfen, und war es damit merklich auf ihre Köpfe abgezielt.

Zwar kamen weder Schuh noch Stiefel mehr, dafür aber Leisten, deren auch eine Last droben lag: nicht alte, garstige Klötze allein, vernutzet und vom. Wurm zerstochen, auch schöne, neue zum Verkauf, sämtlich von gutem harten Holz, und kamen tapfer nacheinander durch die Luft daher. Da schrie denn einer bald in dem, bald in dem andern Schifflein: „Hopp! schaut auf!" - und schlug doch links und rechts ein mancher Donnerkeil nicht unrecht ein.

Der Fischer sagte zu dem Bläse: „Auf solche Weis', Gevatter, möcht' ich mein Bandwerk nicht das ganz Jahr treiben. In allweg aber sei's bezeugt, Ihr wisset mit dem Netz wohl umzugehen. Von heut' an möget Ihr als Obermeister einer ehrsamen Schuhmacherzunft ganz kecklich einen Hecht so kreuzweis übern Leist in Euer Zeichen lassen malen, dem Sprichwort zum Trutz!"

Der Morgen kam schon hell herbei, als sie nach vielem Schweiß, Angst, Not und Schrecken den Weiher wieder glatt und sauber hatten. Der größte Nachen wurde voll des nassen Zeuges, auch war wieder ziemlich alles beisammen, nur da und dort fand man am Tag ein und das andre Stück noch im Röhricht versteckt.

Von dieser Geschichte erging das Gerücht natürlicherweise gar bald an die Einwohnerschaft. Die mehrsten achteten's für Satanswerk, und ahnete es dem Meister schon, daß sich ein manches scheuen werde, ihm seine Ware abzunehmen, wie sich's in Wahrheit auch nachher befand. Nach einem Scherzwort etlicher Fazvögel aber hat man von dort an lange Zeit eine besondere Gattung grober Schuhe, so hier gemacht und weit und breit versendet wurden, nicht anderst mehr verschrieben oder ausgeboten als mit dem Namen: Echte, genestelte Stuttgarter Wasserratten.

Jetzt war des Meisters erste Sorge, daß das gestohlene Gut nur wieder fort aus seinem Haus und an die Eigentümerin komme. Zwar seiner Frau war am lichten Tag der Mut wieder gewachsen; ja, meinte sie, es sollte lieber alles, Kundschaft und Haus und Hof, hinfahren; nur diese Schuh' wenn sie behielten, da rindere ihnen (wie ein Sprichwort sagt) der Holzschlegel auf der Bühne. Der Bläse aber schüttelte das Haupt: „Meinst du, er könne uns nicht auch am Leib was schaden ? Behüt' uns Gott vor Gabelstich! Dreimal gibt neun Löcher." - Er drohte seinem Weib mit Schlägen, wenn sie noch etwas sage, ging unmüßig im ganzen Haus herum, von einem Fenster zum andern, und wollte fast verzwatzeln, bis es dunkel ward, wo seine Tochter die vermaledeiten Schuhe unter den Schurz nahm und forttrug.

Sie schlich sich damit an der Kiderlen Scheuer von hinten und stellte sie in eine Fensterluke, wo sie die Vrone, als sie früh in Stall ging, ihre Kuh zu füttern, auch sicherlich gefunden hätte, wenn sie vom Pechschwitzer nicht über Nacht wären wegstipitzt worden.

Indessen trug die gute Dirne das falsche Gemächt sonder Schaden, und wenn ein Tag herum war, hieß es beim Bettgeh'n allemal: „Jetzt aber, Mutter, glaubt Sie doch, daß es nicht Not gehabt hat selletwegen ?" - Die Mutter sprach: „Beschrei es nicht!" - Auf solche Weise kam denn alles wiederum in sein Geleis, und galt die Vrone wie vordem für ein kluges, anstelliges Mädchen.

Geraume Zeit, nachdem sich dies zugetragen, saß der Bläse in seinem Weinberg draußen beim Herdweg auf der Bank am Gartenhaus, bekümmerten Gemüts, weil es die Zeit her stark hinter sich ging in seinem Geschäft. Indem er nun so in Gedanken den heurigen Herbst überschlug, was er ertragen könne, samt den Zwetschgen, davon die Bäume schwer voll hingen - horch! wispert etwas hinter ihm, und wer steht da? der Pechschwitzer, der Hutzelmann, der Tröster. Mein Schuster wurde käsebleich. - „Erschreckt nicht, Zunftmeister! Ich komme nicht im Bösen. Wir haben einen Stuß miteinander gehabt, das ist ja wieder gut, und wär' es nicht, will ich's vergüten, soviel an mir ist. Jetzt aber hätte ich ein kleines Anliegen, Obermeister." - „Und in was Stücken, liebes Herrlein, kann ich Euch dienstlich sein?" - „Mit Erlaubnis," sprach der Hutzelmann und nahm Platz auf der Bank und hieß den andern zu ihm sitzen. „Seht! jensmal in der Nacht, da ich auf Eurem obern Boden war und Ihr am Fenster unten, hörte ich Euch ein Wörtlein sprechen, das will mir nimmer aus dem Sinn. Ihr habt gesagt: Ich wollt' nur, daß das Bulver schon erfunden wär'! Was meintet Ihr damit?"

Der Bläse, sich besinnend, machte ein Gesicht, als wenn ein Mensch aufwacht bei Nacht in einem Kuhstall, darein er seines Wissens auf eigenen Füßen nicht gekommen ist, lachte und sprach: „Herrlein, das hätte der Bläse gesagt ? Nun, wenn ich es noch weiß, soll mich der Teufel holen!" - „Ei, schwöret nicht, mein Freund!" entgegnete ihm der andere. „Warum wollt Ihr es leugnen? Vertrauet mir's, nur so beim Beilichen, was das Bulver ist! Ich bin einmal in derlei Heimlichkeit ein stiegelfizischer, seht! Euer Schaden soll's nicht sein, und möget Ihr dafür etwas von meinen Künsten lernen." Da stellte sich der Bläse an, als wenn er freilich etwas wüßte, und sprach:

„Weil Ihr es seid, Pechschwitzer, so möcht ich Euch wohl gern zu Willen sein; vergönnt mir nur Bedenkfrist einen Tag, damit ich doch mein Weib auch erst darum befrage!" - Der andre fand das nicht unbillig, bat ihn beim Abschied inständig nochmals, gelobte ihm Verschwiegenheit und wollte morgen wiederkommen.

„Jetzt Sante Blafi, hilf!" so rief der Alte aus, wie er allein war. „Jetzt muß das Bulver 'raus aus meinem dicken Schustersgrind, und wenn's die halbe Welt kostet!" - Da saß er, hatte beide Ellbogen auf den Knieen und beide Fäuste an den Backen. „Vor die Ratten," sprach er, „kann's nicht sein. Warum? sotts Bulver hat man lang! Selle Nacht aber ist es mir wampel gewesen, mag leicht sein, hat mir's traumt vom güldnen Magen-Triet, so allein der König in Persia hat. - Es gibt ein Kräutlein, heißt Allermanns-Harnisch, und gibt ein anders, das heißt Dirletey, und wieder eins, Mamortica: kein Wurzler hat's noch Krämer. Daraus hat meiner Mutter selig ihre Gschwey eine Salben gemacht, die war vor alles gut. - Ich will halt einmal gehn und schauen, was zu machen ist, und will erst Spezies kaufen; Probieren ist über Studieren."

Auf seinem Weg zur Stadt sann er scharf nach. Auf einmal schnellt er mit dem Finger in die Luft, und - „Wetter!" rief er aus, „kann einer so ein Stier fein und noch lang' sinnieren hin und her, wo doch ein Ding glatt auf der Hand liegt! Was mag ein Schuster bei dem andern sonst für einen Vorteil suchen zu erfahren, wenn es nichts aus dem Handwerk ist? Da laß ich mich schon finden."

Er lief zum Krämer stracks, zu holen, was er brauchte. Daheim in einer hintern Stube setzte er sich an einen langen Tisch mit einer Halbmaß Wein, macht allda unterschiedliches Gemeng mit seinem besten Essig an zu einem schwarzen Quatsch, knetet und knauzet's wohl unter dem Daum, probiert's auf alle Weise, und war ihm lang' nicht fein genug. Das dauerte bis an den andern Abend.

Wie nun der Hutzelmann auf die gesetzte Stunde pünktlich kam und ihm der Bläse mit Geschmunzel seinen Teig hinhielt, roch der daran und sagte: „Lieber Mann, da hätten wir halt eine neue Schuhwichs?" - „Aufzuwarten, ja." - „Mich will bedünken," sprach lächelnder Miene der Kleine, „Ihr habt selbst noch weit hin, bis Ihr das Bulver find't, und habt jetzt nur viel Arbeit, Müh und Kösten unnötigerweis gehabt mit mir. Dafür wie auch um andrer Einbuß willen soll Euch indes Vergütung werden. Ich will Euch das Rezept zu meiner Fett-Glanz Stiefelwichsen geben, die mögt Ihr schachtelweis mit gutem Vorteil verkaufen."

Das Männlein wußte wohl, was es hiermit verhieß: denn Meister Bläse ward ein reicher Mann mit solcher Handelschaft in wenig Jahren. Seine Erben bewahren annoch das Geheimnis, und allen seinen Leuten unsrer Tage wüßt' ich fürwahr eine bessere Wichs nicht zu nennen, obwohl ich nicht verschweigen darf, was der Pechschwitzer dazumal eben dem Bläse gar ehrlich bekannte: „Ein Ledder, wohl zu halten nach Ledders Natur, ist das fürnehmst der Schmeer allezeit, und hat er Glanzes genug an ihm selbsten". Welcher Ausspruch indes hier dahingestellt bleibe.

Kapitel 4

Laßt aber sehen, was seither der Gesell in Ulm für Glückssprünge mag gemacht haben!

Zween Monat - eher drunter als drüber - kann er daselbst gewesen sein, da war er mürb und gar bereits vor Liebe zu der Meisterin, und wenn er wohl bisweilen meinte, ein wenig mehr Gespräch und Fröhlichkeit stünd' ihr gut an, so dachte er doch immer gern eines alten wahrhaften Worts: Stille Schaf seind mille- und wollereich, wird ihnen gewartet. Alle Samstag nacht, wenn er auf seine Kammer ging, sprach er bei sich: Jetzt morgen tragst du ihr die Heirat an! Und wenn er eben drauf und dran war, ließ er's wieder aus Blödigkeit und Sorge, sie möchte ihn zuletzt doch stolz ablaufen lassen.

Nun hatten sie einsmals ein Schweinlein gemetzelt, das zweite seitdem man den Lichtbraten hatte - es war schon im Hornung und schien ein vorzeitiger Frühling zu werden - da befand sich der Seppe am Morgen allein mit ihr in der Küche, das Fleischwerk in den Rauch zu hängen. Inmittelst, als er sich die Leiter unter dem Schlot zurechtstellte, die Würste sich in Ringen um die Arme hing, erzählte er ihr von Regensburg und Regensburger Würsten, was er vom Hörensagen wußte, und wie er so mit seiner Tracht aufstieg in das Kamin, sie aber unten stand beim Herd, sprach sie: „Nach Regensburg geht Ihr doch noch; es liegt Euch allfort in Gedanken."

Der Seppe, weil sie ihm nicht ins Gesicht seh'n konnte - denn oberhalb stak er im Finstern - nahm sich ein Herz und sagte: „Wenn es auf mich ankäm', ich wollte leben und sterben bei Euch."

„Ihr sollt auch unvertrieben sein!" gab sie zur Antwort.

„Ja", sagte er und stockte, „es mag halt einer doch auch nicht sein Leben lang ledig verbleiben."

Sie sagte nichts darauf. Da fing er wieder an: „Nach einem rechten Weib kann wohl ein armer Teufel heutigstags weit suchen." Darauf sie ihm entgegnete: „Man sucht erst einmal in der Nähe."

Dem Seppe schossen bei dem Wort die Flammen in die Backen, als wollten sie oben zum Schornstein ausschlagen.

Die Stangen hingen alle voll, er hätte können gehen; allein der Angstschweiß brach ihm aus: er wußte nicht, wie er am hellen Tageslicht vor die Frau hintreten, noch was er weiter sagen solle. Drum nestelt' er und ruckt' und zappelte noch eifrig eine Weile an den Würsten hin und wieder. Auf einmal aber sprach er: „Meisterin, ich hab' schon je und je gedacht, wir wären füreinander. Ich hätte eine Lieb' zu Ihr und groß Zutrauen."

„Davon läßt sich schon reden!" sagte sie. - Nun stieg er flugs herab und stand vor ihr mit einem schwarzen Rußfleck um die Nase, darüber sie ein wenig lächelte, einen Zipfel ihrer weißen

Schürze nahm und ihn abwischte. Das tat ihm ganz im Herzen wohl, er faßte ihre Hand und hatte ihren Mund geküßt, eh' sie sich des versah. Sie aber gab ihm ein Gleiches zurück. - „So seid ihr nicht mehr meine Meisterin, Ihr seid jetzt meine Braut!" - Sie bejaht' es, und waren sie beide vergnügt, schwatzten und kosten noch lang' miteinander.

Bevor er wieder in die Werkstatt ging, sagte sie noch: „Wir wollen niemand etwas merken lassen, bis Ihr das Meisterrecht habt und wir bald fürsche machen können."

Selbigen Abend eilte es dem Seppe nicht, wie sonst, nach dem Essen zum Bier. Er freute sich schon seit dem Morgen auf diese gute Stunde. Sobald die andern aus dem Haus, begab er sich auf seine Kammer, wusch und kämmte sich, legte ein sauberes Hemd und sein Sonntagswams an, zu Ehren dem Verspruch, und als er dann neben der Frau so recht in Ruh und Frieden saß, die Läden und die Haustür zugeschlossen waren, ein frisches Licht im Leuchter angesteckt, so legt' er ihr zuvörderst die silberne Haube, seine Brautschenke, hin. Ja, da empfing er freilich Lobs und Danks mit Haufen. Wo bringt's der Fantel her? mochte sie denken, da er es nicht gekauft noch hoffentlich vom Markt gestohlen hat. - Sie hätte es gar gern gewußt, doch band er sich die Zunge fest und lachte nur so.

Sie holte Wein herauf vom Keller, und er brachte den Schnitzlaib herunter. Der Leser bildet sich schon selber ein, sie werde heute schwerlich das erstemal davon gekostet haben: o nein! Den Seppe kränkte nur, daß er ihr nicht füglich Tag für Tag ein neues Stück zum Imbiß bringen konnte, indem die Meisterin schon ohne das sich wunderte, was doch der Bursch für einen guten Döte habe an dem Stuttgarter Hofzuckerbäcker (wie er ihr weisgemacht), dem's auf ein Laiblein alle acht Tag nicht ankomme. Denn ob es ihm schon nicht verboten war, zu offenbaren, wie es damit bewandt, so scheute er sich doch. Jetzt fühlte sie ihm besser auf den Zahn und sagte: „Gesteht's nur, Seppe! Gelt, Brot und Haube sind aus einem Haus!" - „Das nicht," erwidert' er. „Das eine anbelangend, so will ich meine herzliebe Braut von Grund der Wahrheit berichten: denn mit dem Zuckerbäck, das war gespaßt. Habt Ihr in Ulm auch schon gehört vom Hutzelmann?" - „Kein Wort." „Vom Pechschwitzer ? vom Tröster?" - „Nichts." - „Gut denn!" - Er nahm sein Glas, tat ihr Bescheid, fing an, der Frau treuherzig zu eröffnen alles, was ihm die Nacht vor seiner Reise widerfahren. Im Anfang schaute sie ihm so in das Gesicht dabei, als gält' es eben Scherz; doch weil er gar zu ernsthaft dreinsah, dachte sie: Er ist ein Wunderlecker und ein Träumer. Je mehr sie aber zweifelte, je mehr ereiferte er sich. „Da will ich meiner Liebsten zum Exempel vom Doktor Veylland eine Geschichte erzählen, die ist gewiß und wahr, ich hab' sie von meinem Großvater. Ich höret sie einmal zum Zeitvertreib, nachher mögt Ihr dran glauben oder nicht!

Der Veylland war ein alter Freund vom Graf Konrad von Wirtemberg, demselbigen, welcher den Grund zu meiner Vaterstadt gelegt, und trieb sein Wesen als ein stiller alter Herr in einem einzechten Gebäu, das stand daselbst im Tal unweit dem Platz, wo dermalen das Schloß zu sehen ist. Des Doktors vornehmstes Vergnügen war ein großer Garten hinter seinem Haus, drin pflanzte er das schönste Obst im ganzen Gau; nur daß ihm alle Herbst die Bupfinger Bauern die Hälfte wegstahlen trotz einer hohen Mauer, so rings um das Haus und den Garten her lief. Dies ärgerte den Herrn, daß er oft krank darüber ward. Jetzt kommt einmal am lichten Tag, indem er eben bei verschlossener Tür in einem alten Buch studiert, der Hutzelmann zu ihm, der Pechschwitzer, der

Tröster (welchen zuvor der Doktor noch nicht kannte) und bietet ihm ein Mittel wider diese Gauchen mit dem Beding, daß er ihm alljährlich einen Scheffel gute Wadelbiren liefere zu Hutzeln. Der Doktor ging das unschwer ein. Da brachte jener unter seinem Schurzfell einen Stiefelknecht hervor von ordentlichem Buchenholz, noch neu und als ein wundersamer Krebs geschnitzt, mit einem platten Rücken und kurzen starken Scheren; am Bauch unterher war er schwarz angestrichen, darauf mit weißer Farbe ein Drudenfuß gemacht. Nehmt diesen meinen Knecht, sagte der Hutzelmann, und stellt ihn, wohin ihr wollt im Haus, doch daß er freien Paß in Garten habe, etwa durch einen Kandel oder Katzenlauf! Im übrigen laßt ihn nur machen und kümmert Euch gar nichts um ihn! Es kann geschehen, daß Ihr mitten in der Nacht hört einen Menschen schreien, winslen und girmsen: da springet zu, greifet den Dieb und stäupet ihn! Dann sprechet zu dem Knecht die Wort':

Zanges, Banges, laß ihn gahn,
Wohl hast du dein Amt getan!

Doch ehe Ihr den Bauern oder Nachtschach laufen laßt, sollt Ihr ihn heißen seine Stiefel oder Schuh abtun, dabei mein Unecht ihm trefflich helfen wird, und diese Pfandstück möget Ihr behalten, auch seinerzeit nach Belieben verschenken! Dafern mein Krebs in seiner Pflicht saumselig würde oder sonst sich unnütz machte, schenkt ihm nur etlich gute Tritt keck auf die Aberschanz! Ich hoff', es soll nicht nötig sein. Sonst ist er ganz ein frommes Tier und zäh, man kann Holz auf ihm spalten; nur allein vor der Küchen sollt Ihr ihn hüten: er steigt gern überall herum und fällt einmal in einen Kessel mit heiß Wasser; das vertragt er nicht. Aber ich komme schon wieder und sehe selbst nach, lieber Herr. Gehabt Euch wohl!

Der Doktor Veylland stellte jetzt den Stiefelknecht vor seine Stubentür. Da blieb er stehen bis zum Abend unverregt und sah so dumm wie ein ander Stück Holz. Im Zwielichten aber, wie man just an nichts dachte, ging es auf einmal Holterpolter, Holterpolter die Stiege hinab und durchs Gußloch hinaus in den Garten. Da sahen Herr und Diener ihn vom Fenster aus durchs grüne Gras an der Mauer hinschleichen und kratteln, an allen vier Seiten herum und immer so fort, die ganze liebe lange Nacht.

Der alte Diener hatte seine Lagerstatt im untern Stock gegen den Garten; nun streckt er sich in Kleidern auf sein Lotterbett. Eine Stunde verstrich nach der andern, der Alte hörte nichts, als hin und wieder wie durch das Geäst ein reifes Obst herunterrauscht' und plumpste. Doch gegen Morgen, eben da er sich aufs andere Ohr hinlegte und sein Zudeck' besser an sich nahm, denn es war frisch, erscholl von fernen her ein Zetermordgeschrei, als wenn es einem Menschen an das Leben geht. Der Diener sprang hinaus und sah auf sechzig Schritt, wie des Hutzelmanns Unecht einen baumstarken Kerl am Fersen hatte und mit Gewalt gegen das Haus herzerrte, also daß beide Teile rückwärts gingen, Dieb und Büttel (wie ja der Krebse Art auch ohnedem so ist), und war ein Zerren, Würgen, Sperren, Drängen und Reißen, dazu viel Keuchens und Schnaufens, Wimmerns und Bittens, daß es erbärmlich war zu hören und sehen.

Der arme Schächer, so ein Bupsinger Weinschröter war, trachtet' im Anfang wohl, mitsamt dem Schergen durchzugehen, der aber hatte gut zwo Ochsenstärken und strafte ihn mit Kneipen jedesmal so hart, daß er sich bald gutwillig gab. Auf solche Weise kamen sie bis an das Haus; da hielt der Krebs gerade vor der Tür und stand der Doktor schon daselbst in seinem Schlafrock, lachend; sprach:

Zanges, Banges, laß ihn gahn,
Wohl hast du dein Amt getan!

Dann ließ er den Bauern die Bundschuh austun und mochte der laufen.

Die andere Nacht gleich wurden ihrer zween nacheinander eingebracht, die dritte wieder einer und alsofort bis auf die dreißig, lauter Bupsinger. Denn weil sich jeder schämte, sagt's keiner, die andern zu warnen. Der gute Unecht verfehlte nicht leicht seinen Mann; ein einzigmal kam er mit einem leeren Stiefel angerutscht und hielt denselben bis zum Morgen unverruckt mit großer Kraft in seinen Zangen, bis ihn von ungefähr der Herr vom Haus erblickte. Das Schuhwerk aber nagelte der Diener alles nach der Reih' im leeren Pferdstall an der Wand herum. - Es gibt noch ein liebliches Stücklein davon: wie nämlich einst der Graf mit seiner Frauen und zwei Söhnlein auf Besuch bei dem Veylland gewesen. Herr Konrad baute bei dessen Garten eine Stuterei - daher nachmals die Stadt Stuttgarten hieß - beschied seinen Werkmeister her auf den Platz und zeigte selbst, wie alles werden sollte. Es wollte aber gern der Doktor denen kleinen Junkherrn eine Kurzweil schaffen und bat den Hutzelmann derhalben, um daß er ein unschuldig Zinselwerk bereite; der versprach's. Als nun die Knaben nach der Mahlzeit in dem Garten spielten, da ward's lebendig in dem Stall, und kam bald aus der Tür hervor ein ganzer Zug von kleinen, zierlichen Rößlein, lauter Rappen mit Sattel und Zeug, und das waren die Stiefel gewesen; sie gingen zwei und zwei und wurden von kleinen Roßbuben geführt, und das waren die Bundschuh. Die Junker hatten ihre Freude mit den ganzen Abend. Auf einmal tat es außen an dem Garten einen Pfiff, der ganze Troß saß wie der Blitz ein jeder in seinem Sattel, die Rößlein aber waren zumal Heupferde geworden, grasgrün, einen Schuh lang, mit Flügeln, die setzten all' über die Mauer hinweg und kamen nicht mehr. Doch nachderhand fand man so Stiefel als Schuh wie zuvor an die Stallwand genagelt.

Vor Jahren habe ich zu Stuttgart auf dem Markt ein Spiel gesehen in einem Dockenkasten, so auch von diesem handelte. Hätt' ich nur alles noch so recht im Kopf! Da wird gesagt zum Vorbericht in wohlgesetzten Reimen, was ich Euch erst erzählt, und sonst noch was voraus zu wissen nötig ist, vom Bernd Jobsten, dem Hofnarrn. Der ward denselben Spätling fortgejagt vom Grafen, weil er nicht wollte seiner bösen Zunge Zaum und Zügel anlegen, absonderlich gegen die fremden Herrschaften und Gäste. Nun klagte er sein Mißgeschick dem Doktor, als welcher ihm sonst einmal Gnade beim Herrn derhalben ausgewirkt, jetzt aber sich dessen nicht mehr unterstand; doch steuert' er ihm etwas auf den Weg und hieß ihn auch die Schuh im Stall mitnehmen, wofern er etwa meinte, sich ein Geldlein mit zu machen. Ja, sagte der Narr, das kommt mir schon recht. Vergelt' es Gott! - und holte sie gleich ab in einem großmächtigen Kräben und trug sie auf dem Rücken weg, talabwärts, wußte auch schon, was anfangen damit.

Am Neckar unterm Kahlenstein fand er des Grafen Schäfer auf der Weid' und stellte seine Bürde ein wenig bei ihm ab, erzählte ihm, wie er den Dienst verscherzt, und was er da trage. Hiermit hebt denn die Handlung an, und spricht sofort der Narr:

Narr:
Ich bin jetzt alt und gichtbrüchig,

Und meine Sünden beißen mich;
Drum will ich bau'n ein Klösterlein
Und selber gehn zuerst hinein,
In angenehmer Schauenlichkeit
Verdrönsgen dieses Restlein Zeit.

Spricht der Schäfer:
Klöster bauen kost't halt viel Geld.

Der Narr:
Just darauf ist mein Sinn gestellt.
Hiezu bedarf es ein Heiltum,
Daß alle Leut' gleich laufen drum.
Ein Armes bringt sein Scherflein her,
Der Reich' schenkt Acker, Hof, Wald und mehr.

Der Schäfer:
Solch Heiltum kriegen ist nichts Kleins.

Der Narr:
Hat mancher keins, er schnitzet eins.
Ich, Gott sei Dank! bin wohl versehn.
Diese Schuh', mußt du verstehn,
Der vielberühmt Doktor Veylland
Nächst an der Stadt Jerusalem fand
Unterm Schutt in einer eisern Truh
Ein gar alt Pergament dazu
Mit Judeng'schrift. Selbes bekennt:
Als Mose nun hätt' Israels Heer
Geführet durch das Rote Meer
Und König Pharao, Reiter und Wagen
Ersäufet in der Tiefe lagen,
Frohlockt das Volk auf diesen Strauß,

Zog weinend Schuh und Stiefel aus,
Am Stecken sie zu tragen heim
Ins Land, wo Milch und Honigseim,
In ihren Häusern sie aufzuhenken
Zu solches Wunders Angedenken.
Aus sechshunderttausend ohngefahr
Erlas man diese dreißig Paar
Und brachte sie an sichern Ort
Als einen künftigen Segenshort,
Daß, wer das Leder küssen mag,
Sei ledig seiner Lebetag
Von Allerweltsart Wassernot,
Auch Wassersucht und sottem Tod.

Der Schäfer:
Hast du das G'schrift auch bei der Hand?

Der Narr:
Das, meint' ich, gäb' dir dein Verstand.
Es liegt im Kräben unterst drin,
Und hätt' ich's nicht, gält's her wie hin.
Die War' blieb trocken auf Meeres Grund
Und ist brottrocken auf diese Stund'.

Nun kenn' ich einen guten Pfaffen,
Der soll mir helfen mein Ding beschaffen,
Soll es anrühmen dem Provinzial,
Der meld't's gen Rom dem General.
Da wird sehr bald Bescheid ergehn,
Man wöll der Sach nit widerstehn,
Sie soll'n nur forschen bei diesem Jobst,
Was er lieber wär': Prior oder Propst.

Als nun der Narr zum Pater in seine Zelle kommt und ihm den Antrag stellt, begehrt derselbe allererst, das Pergament zu sehen. Ja, sagt der Schelm, vorm Jahr noch hätt' er's ihm wohl weisen können; allein ganz schrumpflig, mürb und brüchig, wie er es überkommen, sei es ihm nach und nach zuschanden gegangen. Dafür zieht er aus seinem Korb hervor ein alt, schwer eisen Marschloß, vorgebend, es sei vor der Truchen gelegen. Der Mönch, wie leicht zu denken, hält ihm nichts drauf, verachtet ihm sein ganz Beginnen, verwarnet und bedrohet ihn gar. Der Narr, weil er vermeint, die Sach' an ihr selbsten gefiel' ihm schon, sie möchte wahr sein oder nicht, er scheue minder den Betrug als den Genossen - erboset er sich sehr in anzüglichen Reden und spricht mit der Letzt:

Sag, Pfaff! tust du die Bibel les'n?

Der Pater:
War die ganze Wuch'n drüber g'sess'n.

Der Narr:
Ich dacht nur, weil sie in Latein.

Der Pater:
Wohl! daß nit jed's Vieh stört hinein.

Der Narr:
Wohlan, so weißt du baß dann ich,
Was dort geweissagt ist auf dich
Und die Frau Mutter der Christenheit,
Wie ihr es nämlich treibt die Zeit.
Zum Exempel Proverbia
Im dreiß'gsten, was steht allda?
Die Eigel hat zwo Töchter schnöd:

Bringher, Bringher, heißen alle beed;
Die ein' hat einen Ablaßkram,
Die ander heischet sonder Scham. -
Ei, das hofft' ich nur auch zu nutzen.
Pfaff, du tät'st mit, hätt's nicht sein Butzen!

So zieht er ab mit seinem Kräben unter heftigem Schelten und
Drohen des Mönchs. Noch aber läßt er sein Vorhaben nicht,
ein Kloster zu erbauen, und sollen ihm die Bundschuh und die
Stiefel inallweg dazu helfen. Sobald er wieder auf der Straßen
ist, spricht er:

Jetzt, wüßt' ich nur 's Pechfisels Haus!
Der macht' mir ein' Trupp Münchlein draus;
Die schicket' ich dann in die Welt,
Zu kollektier'n ein Gottesgeld.
Vielleicht er macht sie mir gleich beritten
Auf Saumrößlein mit frommen Sitten:
Sie kämen doch viel 'ringer so 'rum,
Als wie per pedes apostulorum.

Nachdem er lang vergebens überall dem kleinen Schuster
nachgefragt, so findet er denselben von ungefähr beim
Bupsinger Brünnlein sitzen, an dem Berg, darin seine
Wohnung und Werkstatt ist, und wo er eben einen Becher
Wassers schöpfte. Der Narr, mit großer Scheinheiligkeit,
entdeckt ihm sein Anliegen, doch der Pechschwitzer antwortet
ihm:

Ich dient' Euch gern, mein guter Freund,
Aber was geistliche Sachen seind,
Laßt meine Kunst mit unverworr'n!
Es brächt' mir eitel Haß und Zorn.

Mein Rat ist darum: Geht zur Stund',
Verkauft, so gut Ihr könnt, den Schund!
Bei die Bupsinger droben, hör' ich, wär'
Großer Mangel eine Weil schon her.
So brauchet es kein lang Hausieren.
Doch müßt Ihr nicht Eu'r Geld verlieren;
Woll'n sie mit dem Beutel nit schier heraus,
Droht, es käm' ihnen der Werr ins Haus,
Der Presser; das werden sie schon verstehn.

Darauf der Narr: Ich folg' Euch, Meister, und dank' Euch
schön.

Jetzt kommt das Lustigste, das aber muß man sehen: wie
nämlich Bernd Jobst in dem Dorf seinen Korb auf der Gasse
ausschüttet, die Bauern aus den Häusern kommen und gleich
ein groß Geriß anhebt, da jeder mit Geschrei sein Eigentum
aussucht und alle sich untereinander als Diebe verraten. Sie
weigern sich der Zahlung gar hartselig, bis sich der Jobst
anstellt zu gehen und sich etwas verlauten läßt vom Werr, daß
er ihn schicken wolle. Auf dieses ist mit eins ein jeder willig
und bereit, ja auch der gröbst Torangel zahlt, was ihn ein
neues Paar vom Krämermarkt nicht kostete.

Allmittelst hat der Schäfer bei Gelegenheit dem Grafen erzählt,
was Wunderliches der Jobst vorhabe, der Doktor aber
bestätiget nach dem, wo er vom Pechschwitzer vernommen,
und ist das Ende von dem Lied, daß Herrn Konrad dem Narren
für diesmal Vergebung erteilt, weil ihm der Schwank gefallen."

So erzählte der Seppe. Die Meisterin hörte ihm nur so aus
Gefälligkeit zu und insgeheim mit Gähnen. „Ja, ja," sprach sie
am Ende, „das sind mir einmal Sachen!" und nahm das

Ränstlein in die Hand, das er von seinem Brot übrig gelassen. Nun, muß man wissen, hatte sie am Fenster einen schönen großen Vogel, der saß in seinem Ring frei da. Ihr erster Mann nahm ihn einmal an Zahlungsstatt von einem bösen Kunden an; es war ein weißer Sittich mit einem schwarzen Schnabel und auch dergleichen Füßen. Er sollte, hieß es, alles sprechen, wenn er das rechte Futter bekäme, und ob er zwar die ganze Zeit nicht sprach und sich der Schuster dessenthalb betrogen fand, so ward er doch der Frau Liebling.

Derselbe schaute jetzt der Meisterin, wie sie das Restlein Brot so hielt, mit einem krummen Kopf begierig auf die Finger. Da sagte sie zu ihrem Bräutigam: „Soll es der Heinz nicht haben?" - Der Seppe dachte freilich: Damit geht manches Hundert schöner Laiblein ungesehen zuschanden; doch gab er ihr zur Antwort: „Was mein ist, das ist Euer, und was Euch hin ist, soll auch mir hin sein." - So schnellte sie den Brocken ihrem Heinz hinauf; der schnappte ihn, zerbiß und schluckt' ihn nieder. Raum aber war's geschehn, so hub der Sittich an zu reden und brachte laut und deutlich diese Worte vor:

Gut, gut, gut - ist des Hutzelmanns sein Brot.
Wer einen hat umgebracht und zween, schlägt auch den dritten tot.

Die Meisterin saß bleich, als wie die Wand, auf ihrem Stuhl, der Gesell aber, während, sie sei darob verwundert vielmehr denn entsetzt, lachte und rief: „Der ist kein Narr! Er meint, wenn man es einmal recht verschmeckte, fräß einer leicht auf einen Sitz drei Laib!" - Darauf die Frau zwar gleichermaßen groß Ergötzen an dem Tier bezeugte; doch mochte es ihr wind und weh inwendig sein, und als der Bräutigam, nachdem er lang genug von dem närrischen Vogel gered't und Scherz mit ihm getrieben, jetzo von andern, nötigen Dingen zu handeln begann: wie sie es künftighin im Haus einrichten wollten, wen von den Gesellen behalten, wem kündigen und so mehr, war sie mit den Gedanken unstet immer nebenaus; das wollten sie bei guter Zeit ausmachen, sagte sie, tat schläfrig, besah die Haube noch einmal und setzte sie auf vor dem Spiegel. „Puh! friert's mich in der Hauben!" rief sie zumal und schüttelte sich ordentlich. „Das Silber kältet so." - Dann sagte sie: „Wenn schwarze Band dran wären, mein! es wär' recht eine Armesünderhaube für eine fürstliche Person!" und lachte über diese ihre Rede einen Schochen, daß den Gesellen ein Gräusel ankam. Gleich aber war sie wieder recht und gut, gespräch, liebkoste den Gespons und machte ihn vergnügt, wie er nur je gewesen. Danach so gaben sie einander küssend gute Nacht und ging er, aller guten Dinge voll, auf seine Kammer.

Den andern Morgen, es war am Sonntag, sah er den schönen Sittich nicht mehr sitzen in dem Ring, und die Meisterin sagte mit unholder Miene: „Das Schnitzbrot hat ihm schlecht getan, ich fand ihn unterm Bank da tot und steif und schafft' ihn mir gleich aus den Augen."

Das deuchte dem Gesellen doch fast fremde, auch sah er einen Blutfleck am Boden. Am meisten aber wunderte und kränkte ihn, daß ihm die Frau so schnorzig war.

Am Nachmittag, weil seine Braut nicht heim kam von der Kirche aus, spazierte er mit seinen Kameraden um den Wall nach einer neuen Schenke gegen Söflingen. Einer von ihnen schlug ein paarmal bei ihm auf den Busch und stichelte auf seine Liebste; da denn ein anderer, ein loser Hesse, den Scherz aufnahm und sagte: „Der Fang wär' recht für einen Schwaben, die haben gute Mägen, Schuhnägel zu verdauen."

Weil nun der Seppe nicht verstand, wie das gemeint sei, blieb er mit seinem Nebenmann, einem ehrlichen Sindelfinger, ein wenig dahinten und frug ihn darum. „Das ist dir eine neue Mär?" sprach der gar trocken. „Deine Meisterin, sagt man, hab' in Zeit von drei Jahr ihren zween Männern mit Gift vergeben. Vom letzten soll es sicher sein, vom ersten glaubt's darum ganz Ulm. Den zweiten hat man erst verwichenes Frühjahr begraben. Die Richter hätten ihr das Urteil gern zum Tod gesprochen, konnten aber nichts machen; denn auf dem Sterbebett sagte ihr Mann, er habe Schuhnägel gefressen. Dergleichen fanden sich nachher auch richtig in dem Leib, allein man glaubt, er habe sie in Schmerzen und Verzweiflungswut, als er das Gift gemerkt, nur kurze Zeit vor seinem End geschluckt."

Dem Seppe verging das Gesicht. Er schritt und schwankte nur noch so wie auf Wollsäcken bis in die Schenke. Dort stahl er sich hinweg und ließ sein volles Glas dahinten.

Abwegs in einem einsamen Pfad saß er auf einer Gartenstaffel nieder, seine Lebensgeister erst wieder zu sammeln. Alsdann dankte er Gott mit gefalteten Händen, daß er ihn noch so gnädig errettet, überlegte und kam bald zu dem Beschluß, gleich in der nächsten Nacht das Haus der schlimmen Witwe, ja Ulm selbst insgeheim zu verlassen. Er blieb dort sitzen auf dem gleichen Fleck, bis die Sonne hinab und es dunkel war. Dann ging er in die Stadt, strich, wie ein armer Sünder und Meineider, lang in den Straßen hin und her und suchte zuletzt, von Durst und Hunger angetrieben, eine abgelegene Trinkstube, wo viele Gäste zechten, ihn aber niemand kannte. Dort barg er sich in einem dunklen Sorgeneck bei einem Fenster nach den Gärten und der Donau zu.

Er konnte, wie man spricht, von keinem Berg sein Unglück übersehen. Zu allem Herzleid hin nicht gar sechs Batzen im Besitz - denn einen Rest Guthabens bei der Frau, wie hätte er ihn fordern mögen? - dazu sein gutes Hutzelbrot verheillost, das ihm jetzt auf der Reise für Hungersterben hätte dienen können, und endlich Spott und Schande vor und hinter ihm!

Er ging bei sich zu Rat, ob er in seine Heimat solle oder weiterziehen. Das eine kam ihn schier so sauer wie das andere an. Was werden deine Freunde sagen, wenn du schon wiederkommst, als wie der Brogel-Wenz vom welschen Krieg? (derselbe nämlich grüßte die Weinsteig schon wieder am siebenten Tag) - so dachte er; allein die Welt, soweit es in der Fremde heißt, kam ihm jetzt giftig, gräulich vor, so öd und traurig wie das Ulmer Elend, das er dort unten in den Gärten liegen sah: aus einem Fenster dämmerte der kleine Schein vom Licht des Siechenwärters, dabei vielleicht ein armer Tropf, fern von dem lieben Vaterland, jetzt seinen Geist aufgab. Darum, es koste, was es wolle, heim ging sein Weg, nur Stuttgart zu! Von keinem Menschen gedachte er Abschied zu nehmen, am wenigsten von ihr, deren Gestalt und Mienen er mit Grauen immer vor sich sah. Deshalb er auch nicht eher aus dem Wirtshaus ging, als bis er sicher war, ihr nicht mehr zu begegnen, und seine Mitgesellen ebenfalls schon schliefen. Es war schon zwölfe, und die Scharwich kam zum zweitenmal, den letzten Gästen abzubieten.

Wie er nun langsam durch die leeren Gassen nach seinem Viertel lenkte, vernahm er oben in dem Giebel eines kleinen Hauses den Gesang von zwo Dirnen, deren eine, eines Kürschners Tochter, Kunigund, er wohl kannte, ein braves und sehr schönes Mädchen, mit welchem er im Pflug manchen Schleifer herumgetanzt hatte. Wär' er nicht gleich im Anfang so tief in die Witwe verschossen gewesen, die hätte ihm vor allen Ulmer Bürgerskindern wohl gefallen und er ihr auch.

Die Dirnen plauderten, wie es ihm vorkam, finsterlings im Bett und sangen das Lied von dem traurigen Knaben, dem sein Schatz verstarb, das hatte zum Titel „Lieb in den Tod" und eine so herrliche Weise als sonst vielleicht kein anderes. Da sie es noch einmal von vorn anfingen, stand er still und horchte hinter einer Beuge Faßholz stille zu.

Ufam Kirchhof am Chor
Blüeht a Blo-Holder-Strauß,
Do fleugt a weiß Täuble,
Vor's taga tuet, aus.

Es streicht wohl a Gässale
Nieder und zwua.
Es fliegt mer ins Fenster,
Es kommt uf mi zua.

Jetzt kenn' i mein' Schatz
Und sei linneweiß G'wand
Und sei silberes Ringle
Von mir an der Hand.

Es nickt mer en Grueß,
Setzt se nieder am Bett,
Jrei luegt mer's ins G'sicht,
Aber anrüehrt me's net.

Drei Wocha vor Ostra,
Wanns Nachthüehle schreit,
Do macha mer Hochzig,
Mei Schatz hot mer's g'sait.

Mer macha kein' Lebtag,
Mer halta kein' Tanz.
Wer goht mit zur Kircha?
Wer flicht mer da Kranz?

In währendem Zuhören dachte der Seppe: Die wird sich auch wohl wundern, wenn sie hört, ich sei bei Nacht und Nebel fort als wie ein Dieb! Und dachte ferner: Wenn diese Gundel deine Liebste hätte werden sollen und wär' dir heute gestorben, ob du jetzt übler dran wärest denn so oder besser? - Er wußte in der Kürze sich selbst keinen Bescheid darauf, stöhnte nur tief aus der Brust und ging weiter.

Beim Haus der Witwe angekommen, drehte er den Schlüssel in der Tür, so leis er konnte, um, schlich auf den Zehen an ihrer Schlafkammer vorbei, kam in die seinige, von den Gesellen unberufen, und packte seine Sachen ein, nachdem er erst die guten Kleider aus- und andere angezogen, auch mit herzlicher Reue des Hutzelmanns Schuhe, die es so gut mit ihm gemeint, unter dem Stein hervorgenommen und sie nach langer Zeit das erstemal wieder an die Füße getan.

Und also schied er auf zeitlebens aus dem Haus, darin er sich vor wenig Stunden noch als wie in seinem Eigentum vergnüglich umgeschaut hatte. Er kam an das Liebfrauentor und schellte dem Wächter; der ließ ihn hinaus und war der einzige Mensch in ganz Ulm, welcher ihm Glück auf die Reise gewünscht.

Als er so in der Nacht auf trockener Landstraße und bei gelinder Luft nicht völlig eine halbe Stunde weit gewandert war, so regte sich sein Linker allbereits mit Jucken, Treten, Hopsen und sonst viel Ungebühr. So rief der Seppe grimmig: „Moinst, dia Gugelfuahr gang wieder an? I will d'r beizeit d'rfür tual!", saß nieder, riß den linken ab und faßte auch den rechten — da fiel ihm ein: Den könnt'st du anbehalten; mit einem Fuß im Glück ist besser denn mit keinem! Zog also einen Stiefel an zum andern Schuh, probiert' es eine Strecke, und wahrlich, es tat gut.

In seinem Innern aber, so arg es auch darin noch durcheinander ging, daß ihm das Heulen näher als das Pfeifen lag, so gab er sich doch selbst schon kühnlicheren Zuspruch mit Vernunft, nahm sein versehrtes Herz, drückt' es, gleich wie die Hausfrauen pflegen mit einem zertretenen Hühnlein zu tun, in sanften Händen wieder zurecht, und endlich ging sein Trost und letzter Schluß dahin, wie sein Vetter als sagte: „Es hat nur drei gute Weiber gegeben: die eine ist im Bad ersoffen, die ander' ist aus der Welt geloffen, die dritte sucht man noch."

Unweit Gerhausen kam schon allgemach der Tag; bald sah er auch Blaubeuren liegen, und auf den Dächern rauchte hie und da schon ein Kamin.

Eine Ackerlänge vor dem Tor geschah ihm etwas unverhofft.

Dort zog der Weg sich unter den Felsen linker Hand an einer Steile hin. Der Seppe dachte eben, wenn er jetzt in das Städtlein käme, ein warmes Frühstück täte seinem Magen wohl, und rechnete, wie weit er damit komme; denn sein Beutel mochte nicht viel leiden. Bei dem Bräumeister konnte er aber mit Ehren nicht wieder einsprechen; er meinte, die Leute möchten sagen: „Dem hat das Handwerksburschen-Einmaleins im Nonnenhof gefallen und mags ihm ganz eine kommode Rechnung sein!“ Dies denkend, schritt er hitziger fürbaß - mit eins aber kann er nicht weiter, und ist er mit dem Schuh wie angenagelt an den Boden, zieht, reißt und schnellt, zockt noch einmal aus Leibeskräften: da fuhr er endlich aus dem Schuh, der aber flog zugleich den Rain hinunter, wohl eines Hauses Höhe, in einen Felsenspalt.

Gern oder ungern mußte ihm der Seppe nach. Als er nun mit Gefahr den Fleck erreicht, wo er ihn hatte fallen sehen, und in dem Steinriß mit der Hand herumsuchte, auch alsbald ihn erwischte, indem so stieß er an ein fremdes Ding, das zog er mit ans Licht. - „Hoho! davon kam dir die Witterung!?“ rief er und hielt das Bleilot in der Hand, betrachtet' es mit Freuden, schlupft in den Schuh und ist wie der Wind wieder oben. Nachdem er den Fund in den Ranzen gesteckt, der jetzo freilich das Zwiefache wog, ging er nicht wenig getröstet hinein in die Stadt.

Die Leute machten erst die Läden auf und trieben das Vieh an die Tränke. Er kam an einem Bäckerhaus vorbei: da roch gerade so ein guter, warmer Dunst heraus, daß es ihn recht bei der Nase hineinzog. Er ließ sich einen Schnaps und keinen kleinen Ranken Brot dazu geben; das hielt dann wieder Leib und Seele auf etliche Stunden zusammen.

Sofort auf seinem Weg probierte er das Lot auf alle Weise, wenn hin und wieder ein Metzger oder sonst ein Mensch bei ihm vorüberkam, und als er nur den Vorteil erst mit rechts und mit links weg hatte, vertrieb er sich die Zeit samt seinem Herzensbrast auf das anmutigste und beste.

Auf der Höhe der Feldstätter Markung fuhr hinter ihm daher mit einem leeren Wagen und zween starken Ochsen ein Böhringer Bauer. Der Seppe wollte gern ein Stück weit von ihm mitgenommen sein und sprach ihn gar bescheiden und ziemlich darum an; der aber war ein grober Knollfink, tat, als hört' er ihn nicht. Ei, denkt mein Schuster, hörst du mich nicht, so hab' mich auch gesehn, und sollst mich dennoch führen! - verschwand wie ein Luftgeist im Rücken des Manns und setzte sich hinten aufs Brett. Da sprach der Bauer mit sich selbst und maulte: „Hätt' i viel z'taun, wenn i dia Kerle äll uflada wött - Hott ane, Scheck! - dia Scheuraburzler do! äll Hunds-Odam lauft oar d'rher. Miar kommt koar über d'Schwell und uf da Waga, miar ett!" Das hörte der Gesell mit großem Ergötzen und hielt sich immer still, gleichwie der andre auch still ward. Nach einer Weile holt der Böhringer just aus, auf schwäbische Manier die Nas' zu putzen, hielt aber jäh betroffen inn', denn hinter ihm sprach es, als wie aus einem hohlen Faß heraus die Wort': „Zehn Ochsen und ein Bauer sind zwölf Stück Rindvieh."

Der Bauer, mit offenem Maul, schaut um, schaut über sich gen die Sperlachen, horcht, ruft Oha dem Gespann, steigt ab dem Wagen, guckt unterhalb zwischen die Räder, und da kein Mensch zu sehen war und auf der Ebene weit und breit kein Baum oder Grube noch sonst des Orts Gelegenheit danach gewesen wäre, daß sich ein Mensch verbergen mochte: stand ihm das Haar gen Berg, saß eilends auf und trieb die Tiere streng in einem Trott, was sie erlaufen mochten, bis vor seinen Ort; denn er vermeinte nicht anders, als der Teufel habe ihm Spitzfindiges aufgegeben, und wenn er den Verstand nicht dazu habe, so gehe es ihm an das Leben.

Der Seppe stieg nicht bälder von dem Wagen, als bis der Bauer in seiner Hofrait hielt; dann wandelte er durchs Dorf, unsichtbarlich, und hatte mit diesem Abenteuer, die schöne Kurzweil ungerechnet, wohl eine halbe Meil' Weges Profit.

Er kam ins Tal hinunter und auf Urach, er wußte nicht wie.

Vor dem Gasthaus, demselben, wo er im Herweg übernachtet war, stiegen etliche reisende Herren von Adel samt ihren Unechten gerade zu Roß; er hörte, sie ritten auf Stuttgart. Herrn Eberhards Tochter hatte Hochzeit, als gestern, gehabt mit Graf Rudolf von Hohenberg; auf eben diese Zeit beging ihr Herr Vater, der Graf, seine silberne Hochzeit. Es dauerten die Lustbarkeiten noch drei Tage lang am Hof und in der Stadt: Turnier und andre Spiele. Das hörte der Geselle gern; er dachte: Da hat man deiner nicht viel acht und mögen deine Freunde glauben, du kamst des Lebtags wegen heim. Ihm lüstete nicht sehr danach; dem ungeachtet säumte er sich nicht auf seinem Weg, und als er sich um die drei Groschen und etliche Heller, so er aus allen Taschen elendiglich zusammenzwickte, noch einmal wacker satt gegessen und getrunken, so setzt' er seinen Stab gestärkt und mutig weiter. Stets einem flinken Wässerlein, der Erms, nachgehend, befand er sich gar bald vor Metzingen.

Er dachte trutzig und getrost vor jedermanns Augen den Ort zu passieren, wo er vor einem halben Jahr den Schabernack erlitten, und war auf Schimpf und Glimpf gefaßt; nur wollte er zuvor den zweiten Stiefel noch außen vor dem Ort antun, damit er doch nicht mit Gewalt den Spott der Gaffer auf sich ziehe. Aber wie er sich dazu anschicken will, kommt ihm ein anderes dazwischen, das ließ ihm keine Zeit.

Gleich vor dem Flecken, frei auf einem Gutstück lag eines Schönfärbers Haus; an dessen einer Seite hingen allerhand Stück Zeug, in Rot, Blau, Gelb und Grün gefärbt, auf Stangen und im Rahmen aufgezogen, davor ein grüner Grasplatz war. Dort nun, doch näher bei der Straße sah der Seppe nur einen Steinwurf weit von ihm das nasenweise Färberlein stehn, das Gesicht nach dem Flecken gekehrt. Das Bürschlein hatte Gähnaffen feil, weil seine Meistersleute nicht daheim, oder paßte es auf eine hübsche Dirne, sah und hörte deshalb weiter nichts.

„Wohl bei der Heck', du Laff!" sagte der Seppe frohlockend vor sich, indem er risch seitab der Straße sprang. „Jetzt will ich dir den Plirum geigen!" - warf seinen Ranzen links herum, lief eilig zu und stand unsichtbar auf dem Wasen ein Dutzend Schritte hinter dem Färber. Geschwind besann er sich, was er zuerst beginne, trat an das Lattenwerk, zog wie der Blitz einen trockenen Streif des roten Zeugs herab und breitete denselben glatt aufs Gras; alsdann stellte er sich in leibhafter Gestalt ohne Willkomm und Gruß, nicht in gutem noch bösem, ganz dicht vor den Färber hin. Der, seinen Feind erkennend, macht' ein Gesicht als wie der Esel, wenn er Teig gefressen hat, und plötzlich wollte er auf und davon. Der Schuster aber hatt' ihn schon gefaßt: kein Schraubstock zwängt ein Werkholz fester, denn unser Geselle das Büblein hielt bei seinen zween Armstecken. Er hieß ihn stilleschweigen, so wolle er ihm aus Barmherzigkeit an seinem Leib nichts tun, nahm ihn sodann gelinde, legt' ihn aufs eine Tuchend überzwerch, drückt' ihm die Ellbogen grad am Leib und wergelt ihn mit Händen geschickt im Tuch hinab, wie man ein Mangelholz wälzet, daß er schön glatt gewickelt war bis an das Kinn. Darauf band er ihm ein grünes Band, das er auch von der Latte gezogen, kreuzweis von unten bis hinauf und knüpft's ihm auf der Brust mit einer schönen Schlaufe. Nach allem diesem aber nahm und trug er ihn, nicht anders als ein Pfätschenkind dahingetragen wird, auf seinen Armen weg (in deren einem er den Wanderstock am Riemen hangen hatte). Weil er jedoch bei diesem ganzen Vornehmen das Lot links trug, und weil der Krackenzahn mehr nicht kann ungesehen machen, als das zum Mann gehört, so war es wunderbarlich, ja grausig, fremd und lustig gleichermaßen anzusehn, wie auf der breiten Straße mitten inne ein gesunder Knab, wie Milch und Blut, mit schwarzem Kräuselhaar, in Wickelkindsgestalt frei in der Luft herschwebte und schrie.

Das Volk lief zu aus allen Gassen, ein jedes lacht' und jammerte in einem Atem, die Weiblein schrien Mirakel und: „Hilf Gottl es ist des Färbers Knab, der Vite! Springt ihm denn keiner bei von euch Mannsnamen?" - Doch niemand traute sich hinzu.

Da fing der Seppe an sangweis mit heller Stimme:
Scheraschleifer, wetz, wetz, wetz,
Laß dei Rädle schnurra!
Stuagart ist a grauße Stadt,
Lauft a Gänsbach dura.

Und als das Kind sich ungebärdigt stellte, schwang er's und flaigert's hin und her und sang:

Färbersbüa ble, schrei net so,
Mach mer keine Mändla!
D' Büa singer mit zwanzig Johr
Trait mer en de Wendla,
Heisasa! Hopsasa!
Wia de kleine Kendla.

Die Leute fanden ihrem Staunen, Schrecken, Dattern und Zagen nicht Worte noch Gebärden mehr. Eins schob und stieß und drängte nur das andere dem Abenteuer immer nach oder voraus. Bei dem Gemeindehaus aber schwenkte sich der Seppe seitwärts nach dem Kirchplatz unversehens, daß alles vor ihm schreiend auseinanderfuhr.

Dort, mitten auf dem Platz sah man den Vite sänftlich an die Erde niederkommen. Da lag denn ein seltsamer Täufling, zornheulend, sonder Hilfe, derweil der Schuster flüchtig durch die Menge wischte. Weit draußen vor dem Ort noch hörte er das Lärmen und Brausen der Leute.

Bei Tolfingen am Neckar spürte er anfangen in den Beinen, daß er verwichene Nacht in keinem Bett gewesen, jetzt fünfzehn Stunden Wegs in einem Strich gemacht, daneben ihn der letzte Possen auch manchen Tropfen Schweiß gekostet haben mag. Der Abend dämmerte schon stark, und er hatte noch fünf gute Stunden heim. Bei frischen Kräften hätte er Stuttgart nicht füglich vor Mitternacht können erlaufen, so schachmatt aber, wie er war, und mit vier Pfennigen Zehrgeld im Sack, schien ihm nicht ratsam, es nur zu probieren. Wo aber bleiben über die Nacht und doch kein Scheurenburzler sein? - Halt! dacht er, dient nicht in der Stadt Nürtingen, nur anderthalb Stund von da, der Kilian aus Münster als Mühlknapp? Das ist die beste Haut von der Welt, der läßt dich nicht auf der Gasse liegen und borgt dir leicht ein Weniges auf den Weg. Jetzt ist lang Tag! - Er tat erst einen frischen Trunk in Tolfingen, wo das Wasser nichts kostet, dann kaufte er sich ein Brot für seinen letzten Kreuzer, verzehrt' es ungesäumt und lotterte, indem es finster ward, gemächlich die Straße am Neckar hinauf. Mit der Letzte erschleppt' er sich fast nicht mehr, doch endlich erschienen die Lichter der Stadt und hörte er das große Wuhr ob der Brücke schon rauschen, hart neben welcher jenseits die vielen Werke klapperten.

Der Müller aß eben zu Nacht mit seinen Leuten und Gesind, darunter nur kein Kilian zu sehen war. Man sagte dem Schuster, der sei vor einem Vierteljahr gewandert. Da stand der arme Schlucker mit seinem gottigen Glücksschuh und seinem Stiefel! wußte nicht, was er jetzt machen sollte. Indes hieß ihn die Müllerin ablegen und mitessen, und nach dem Tischgebet, dieweil der Mann leicht merken mochte, es sei ein ordentlicher Mensch und habe Kummer, bot er ihm an, über Nacht im Wartstüblein, wo die Mahlknechte rasten, auf eine der Pritschen zu liegen. Das ließ er sich nicht zweimal sagen und machte sich alsbald hinunter, ein Jung wies ihm den Weg zwischen sechs Gängen hindurch, die gellten ihm die Ohren im Vorbeigehn nicht schlecht aus. Zwei Stieglein hinunter und eins hinauf, kam er in ein gar wohnliches, vertäfertes Gemach und streckte sich auf so ein schmales Lager hin. Wie grausam müd er aber war, ein Schlaf kam nicht in seine Augen: Fenster und Boden zitterten in einem fort, es schellte bald da, bald dort, die Unechte tappten aus und ein, die ganze Nacht brannte das Licht.

Um eins, da ihn der Oberknecht noch wachen sah, sprach der zu ihm, wenn er auf Nachtruh halte, hier sei er in die unrechte Herberge geraten, das Schlafen in der Mühle woll' gelernt sein wie das Psalmenbeten in der Hölle; er soll' aufstehn, sie wollten sich selbdritt die Zeit vertreiben mit Trischacken - langte die Karten vom Wandbrett herunter und stellte einen vollen Bierkrug auf den Tisch. Der Seppe wollte nicht, bekannte auch, daß er Gelds ohne sei; allein da hieß es: „Schuster! dein Schnappsack hat ein leidlich Gewicht, und Stein hast du keineswegs darin; wenn aber, so sei uns ein ehrlicher Schuldner!" So gab er endlich nach und nahm sein Spiel vor sich. Wetter! wie paßten gleich die Kerl da auf! Was er nur zog und hinwarf: allemal die besten Stiche!

Jetzt wurden seine Sinne hell und wach zumal, er dachte: Hei, da springt ein Wandergeld heraus! Das erste Spiel gewonnen, das zweite desgleichen! Beim dritten und beim vierten zog er heimlich den Schuh aus unter dem Tisch, daß es nicht merklich würde, und verspielt's damit hintereinander, doch brachte er es vier- und sechsfach wieder ein, und pünktlich machte einer jedesmal die Striche auf die Tafel, daß man's nachher zusammen rechnen könne. Es war ihm über einen Gulden gut geschrieben, und als den andern endlich so die Lust verging, war es ihm eben recht und legte er sich noch ein Stündlein nieder. Da fiel der Schlaf auch bald auf ihn als wie ein Maltersack, doch ohne Letzung. Er war mit seinem Geist in Ulm und träumte nur von Greuel, Gift und peinlichem Gericht. Ein Mahljung, welcher durch das Stüblein lief, vernahm von ungefähr, wie er im Schlaf die Worte redete: „Fürn Galgen hilft kein Goller und fürs Kopfweh kein Kranz!" - ging hin und hinterbracht's den Unechten; die kamen juxeshalber und standen um den Schlafenden, sein bitterlich Gesicht bescherzend. Auch nestelten sie ihm den Ranzen auf aus

Fürwitz, was er Schatzwerts darin habe, zogen das schwere Blei heraus und lachten ob des Knaben Einfalt solchermaßen, daß ihnen gleich das Schiedfell hätte platzen mögen. „Tropf!" sprach der eine, „hast du sonst nichts gestohlen, darum springt dir der Strick nicht nach!" - und packten's ihm wieder säuberlich ein.

Als nun der Seppe endlich am lichten Tag erwacht war, gürtete er sich gleich, nahm Hut und Stock und fand die beiden Spielgesellen in der Mühle am Geschäft. Er hätte gern sein Geld gehabt, wenn es auch nur die Hälfte oder ein Drittel sein sollte. Sie aber lachten mit Faxen und Zeichen, bedeuteten ihm, sie verstünden nicht über dem Lärm, was er wolle, und hätten unmöglich der Zeit. Nun sah er wohl, er sei betrogen, kehrte den seellosen Schelmen den Rücken und ging hinauf, dem Müller seinen schuldigen Dank abzustatten. Dort in der Küche gab man ihm noch einen glatt geschmälzten Hirsenbrei; damit im Leibe wohl verwarmt, zog er zum Tor hinaus und über die Brücke, dann rechts Oberensingen zu. Gern hätte er zuvor den Herbergvater in der Stadt um eine Wegspend angegangen, er traute aber nicht, weil er in Ulm sich keinen Abschied in sein Büchlein hatte schreiben lassen.

Auf dem Berg, wo der Wolfschluger Wald anfangt, sah man damals auf einem freien Platz ein paar uralte Lindenbäume, ein offen Bethäuslein dabei, samt etlichen Ruhebänken. Allhie beschaute sich der Seppe noch einmal die ausgestreckte blaue Alb, den Breitenstein, den Teckberg mit der großen Burg der Herzoge, so einer Stadt beinah gleichkam, und Hohenneuffen, dessen Fenster er von weitem hell herblinken sah. Er hielt dafür, in allen deutschen Landen möge wohl Herrlicheres nicht viel zu finden sein als dies Gebirg zur Sommerszeit und diese weit gesegnete Gegend. Uns hat an dem Gesellen wohl gefallen, daß er bei aller Übelfahrt und Kümmernis noch solcher Augenweide pflegen mochte.

Von ungefähr, als er sich wandte, fand er auf einem von den Ruhebänken ein Verslein mit Kreide geschrieben, das konnte er nicht sonder Müh entziffern; denn sichtlich stand es nicht seit jüngst, und Schnee und Regen waren darüber ergangen. Es hieß:

Ich habe Kreuz und Leiden,
Das schreib' ich mit der Kreiden,
Und wer kein Kreuz und Leiden hat,
Der wische meinen Reimen ab!

Der Seppe ruhte lang' mit starren Blicken auf der Schrift. Er dachte: Dem, welcher dies geschrieben, war der Mut so weit herunter als wie dir, kann sein: noch weiter. Tröst ihn Gott! - Nachdenksam kehrte er sich zur Kapelle, legte Ranzen, Hut und Stock, wie sich gebührte, haußen ab und ging, seine Andacht zu halten, hinein; nach deren Verrichtung er sich bei den Namen und Sprüchen verweilte, so von allerhand Volk, von frommen Pilgrimen und müßigen Betern, an den Wänden umher mit Rotstein oder mit dem Messer angeschrieben waren. In einem Eck ganz hinten stund zu lesen dieser Reim:

Bitt, Wandrer, für mich!
So bittst du für dich.
Mit Schmerzen ich büße,
In Tränen ich fließe.
Das Erbe der Armen,
Das heißet Erbarmen.

Recht wie ein Blitzstrahl zückten die Worte in ihn, und war ihm eben, als flehet' es ihn aus den Zeilen an mit gerungenen Händen um seine Fürbitte, als eine letzte Guttat an der Frau, so ihrer vor allen den lebenden Menschen bedürfe. Seit jener Stunde, wo er sich im stillen von ihr schied, war ihm noch kein Bedenken oder Sorge angekommen um das verderbte und verlorene Weib; nun aber fiel das treue Schwabenherz gleich williglich auf seine Knie, vergab an seinem Teil und wünschte redlich, Gott möge ihren bösen Sinn zur

Buße kehren und ihr dereinstens gnädig sein; für sich insonderheit bat er, Gott wolle seiner schonen und ihn kein blutig Ende an ihr erleben lassen. Hierauf erhob er sich, die Augen mit dem Ärmel wischend, und setzte seine Reise fort.

Nach dreien Stunden, um Bernhausen auf den Fildern, hub sein Magen an mit ihm zu hadern und zu brummen. Er hätte sich mit seinem Lot in manches reichen Bauern Haus und Küche leichtlich wie Rolands Knappe helfen können, welcher vermittelst seines Däumerlings dem Sultan sein Leibessen samt der Schüssel frei vor dem Maul wegnahm. Ihm kam jedoch vor Traurigkeit dergleichen gar nicht in den Sinn: auch hatte er sein Leben lang weder gestohlen noch gebettelt. Kein leiderer Weggenoß ist aber denn der Hunger. Er rauft, wenn er einmal recht anfangt, einem Wandersmann schockweis die Kraft aus dem Gebein, nimmt von dem Herzen Trost und Freudigkeit hinweg, schreit allen alten Jammer wach, recht wie bei Nacht ein Hund den andern aufweckt, daß ihrer sieben miteinander heulen. Das dauerte bei dem Gesellen, bis endlich Degerloch da war und er nun um die Mittagszeit seine Vaterstadt im lichten Sonnenschein und Rauch vom Berg aus liegen sah. Da brannten ihn die salzigen Tropfen vor Freuden im Aug' und waren seine Füße alsbald wie neugeboren.

Von weitem hörte er Trompetenschall und sah es vor dem Tor und in Straßen blinken und wimmeln. Die Ritter kamen in Harnisch und Wehr zurück vom großen Stechen: Roß und Mann bis an den Helmbusch voller Staub. Es wogte bunt von Grafen, Edelherrn und Knappen, von Bürgersleuten und vielem Landvolk.

Der Seppe drückte sich, wie er zur Stadt hineinkam, scheu nur an den Häusern hin: denn ob er gleich unsichtbar ging um seiner schlechten Kleidung willen, auch weil er übel, schwach und schwindlig war vor übergroßer Anstrengung, weshalb er nicht viel Grüßens oder Redens brauchen konnte, so war ihm doch bei jedem Schritt, wie wenn die Blicke aller Leute auf ihn zielten, und wurde rot und blaß, so oft als ein guter Bekannter oder ein Mädchen seiner alten Nachbarschaft bei ihm vorüber lachte. Er strebte einem engen Gäßchen zu im Bohnenviertel, wo eine alte Base von ihm wohnte. Am Eck schob er den Ranzen rechts herum, und schon von ihrem Fenster aus begrüßte ihn das gute Fräulein, seine Dot. Er sprang mit letzten Kräften die Stiege noch hinauf, aber unter der Tür knickt' er in den Knien zusammen und schwanden ihm zumal die Sinne. Die Frau rief ihren Hausmann, holte Wein und was sonst helfen mochte. In Bälde hatten sie den armen Lungerer so weit zurecht gebracht, daß er auf seinen Füßen stehn, sich hinter den Tisch setzen, essen und trinken konnte.

Dabei erzählte ihm das Mütterlein, was sich alle die Zeit her begeben: vom großen Beilager im Schloß wie auch, daß morgen noch ein Haupttag sei. Weil nämlich eben Faßnacht in der Nähe war und die erlauchte Braut nichts lieber sah als einen schönen Mummenschanz, so wurde von dem

Rat der Stadt beschlossen, daß ein solcher mit ausnehmender Pracht auf dem Markt gehalten werde. Der Graf dagegen wollte zu Mittag die Bürgerschaft in den Straßen bewirten, welches der Jahreszeit halben wohl geschehen mochte, indem der Winter so gelind und kurz ausfiel, daß wahrlich im Stuttgarter Tal fast die Bäume ausschlugen. „Auf diesen Tag nun, siehst du," sprach die Base, „tut jung und alt sein Bestes, der Arme wie der Reiche: wer keinen Heiden oder Mohren machen kann, der findet einen bunten Lappen zum Figeuner, und wem die Larve fehlt, der färbt sich im Gesicht. Da hat vorhin die Kiderlen, die Vrone, die du kennst, sich Feierwams und Hosen von ihrem Vetter, meines Hausmanns Buben, abgeholt, und er verbutzet sich mit seiner Ahne ihrem Hochzeitstaat. Seppe, wir müssen uns für dich beizeiten auch nach was umtun. Für jetzo, schätz' ich aber, hast du das Bett am nötigsten." - „Ach wohl, Frau Dot!" sprach er, „und ich wollt' nur, die Nacht hätt' ihre achtundvierzig Stund!" - „Nun," meinte sie, „vier hast du, bis wir essen; da läßt sich schon ein schön Stück Schlafs vorweg herunterspinnen!" - und führte ihn hinauf in eine kleine Kammer, in welcher allezeit ein gutes Gastbett aufgemacht war.

Kaum hatte er sich ausgezogen und sein zerschelltes, zerbrechliches und ganz vermürbtes Knochenrüstwerk behutsam ausgestreckt, da schlief er auch schon wie ein Dachs und so in einem fort bis abends spät, wo ihm die Frau eine

Suppe mit Fleisch hinaufbrachte und noch ein wenig mit ihm diskurierte. Nun wünschte sie ihm gute Nacht und ging mit ihrem Licht.

Sie war aber die Stiege noch nicht gar hinunter, so ruckt etwas an seinem Stuhl, ein Lämplein macht die Kammer klar, und eine Stimme sagte: „Grüß dich Gott, Seppel verschrick nit! der Pechschwitzer ist es, der Hutzelmann, der Tröster. So, so, auch wieder hiesig ? Sorg nit, ich plag' dich lang'! du brauchst der Ruh'. Und auf ein Wort: sag anl gelt, Bursch, hast's Klötzle ?"

„Jo freile han i's, Meister."

„Laß sehn! wo steckt's ? im Bündel? - Hab' es schon! bei meinem Leisten! ja, da glotzt er'raus, der Krackenzahn. Du erzigs Narrenglückskind, du! Und hast fein nur mit feinem Hund gejagt! Du Malefizglücksspitzbub, du!" - Mit diesen und viel andern närrischen Ausrufungen bewies das Männlein seine Freude. Drauf sagte es mit Ernst: „Mein Sohn, du hast dies teuere Stück, wie du zwar schuldig warst, deinem Patron getreulich überliefert, da du es nicht allein im Nonnenhof können vertrumpeln um einen Pfifferling aus des Wasserweibs Hafen, sondern konntest vor Kaiser und Könige gehen damit, die hätten dir dies schlechte Blei gern sechsmal und mehr mit Gold aufgewogen. Nun, Seppe, denk an mich! Das sollt du nicht bereuen. Hab gute Nacht!" - Im Gehen frug er noch: „Wie sicht's mit dem Laiblein d"

„Ja, Meister, um sell bin i komm,, sell ist -"
„Gfressen?"
„Jo, aber ett vo mir!
„Ei, daß dich! hat das auch müssen verhansleartlet sein! Nun, wenn's nur gfressen ist! gibt wieder einmal ein anders

vielleicht. Bhüt Gott! Morgen bei rechter Zeit siehst mich wieder."

Kapitel 5

Die Sonne ging am andern Morgen glatt und schön herauf am Himmel und hatte die Nebel über der Stadt mit Macht in der Früh' schon vertrieben. Man hörte die Gassen aus und ein vielfach Geläufe, Lachen und Gesprang; es war schon um die Achte, in einer halben Stunde ging der Aufzug an. Da hielt es die Base nun hoch an der Zeit, daß sie ihr Patlein wecke, denn, meinte sie, auf allen Fall muß er die Herrlichkeit mitmachen und soll so gut wie jeder andere Bürgersohn an der Gesellentafel speisen auf des Herrn Grafen Kosten. Mit Mühe hatte sie noch gestern abend einen langen weißen Judenbart samt Mantel und Mütze für ihn bei einer Trödlerin mietweis erlangt. Sie nahm den Plunder auf den Arm, den guten Burschen gleich auf seiner Kammer damit zu erfreuen: da klopft es und kam ein junger Gesell herein, wenig geringer als ein Edelknabe angezogen, mit einem krachneuen, rotbraunen Wams von Samt, schwarzen Pluderhosen, Kniebändern von Seide und gelben Strümpfen. Er hielt sein Barett vors Gesicht gedeckt, und als er es wegnahm, stand da vor seiner lieben Dot der Schuster Seppe mit Blicken, halb beschämt und halb von Freude strahlend. Die Frau schlug in die Hände, rief:,Jemine! was soll das heißen? Bub, sag! wo hast du das geborgt?" „Ihr sollt's schon heut' noch hören, Bas': es ist eine weitläufe Sach', und ich muß gleich fort." - „Nun sei's, woher es wolle: aus einem vornehmen Schrank muß es sein.

Nein, aber, Seppe, wie gut dir's steht, alles, bis auf den feinen
Hemdkragen hinaus! Ich sag' dir, es wär' Sünd und Schad,
wenn du eine Larve umbändest. Mein Jud, so viel ist
ausgemacht, darf seinen Spieß jetzt nur wo anders hintragen.
Da schau einmal, was ich dir Schönes hatte!" - Und hiermit lief
sie in die Küche, dem Knaben eine gute Eiergerste zum
Morgenatz zu bringen.

Derweil er seine Schüssel leerte, zog sich die Base im Alkoven
festtägig an. Sie wollte des Getreibes gern auch Zeuge sein, von
einem obern Fenster aus bei einem Schneider auf dem Markt.
Der Seppe aber eilte ihr voraus, Sankt Leonhards Kapelle und
der Wette zu, stracks auf den Platz.

Von keiner Seele unterwegs ward er erkannt noch auch
gesehn. Warum ?

Er wird doch nicht das Lot mitschleppen? Nein, aber seine
linke Brusttasche barg eine zierliche Kapsel, darinne lag der
ausgezogene Krackenzahn, gefaßt in Gold und überdies in ein
goldenes Büchslein geschraubt, samt einer grünen Schnur

daran. Der Hutzelmann ließ alles über Nacht von einem Meister in der Stadt, mit welchem er gut Freund war, fertigen und übergab dem Seppe das Kleinod mit der Weisung, dasselbe seinem Landesherrn, dem Grafen, zu Ehren seines Jubeltags nachträglich zu behändigen, sobald er merke, daß der Scherz zu Ende gehe und die Herrschaft am Aufstehen wäre.

Wie der Gesell nunmehr an Ort und Stelle kam, sah er den weiten Markt bereits an dreien Seiten dicht mit Volk besetzt und Kopf an Kopf in allen Fenstern. Er nahm seinen Stand beim Gasthof zum Adler, und zwar zuvörderst unsichtbar, außer den Schranken. Etliche Schritt weit von den Häusern nämlich liefen Planken hin, dahinter mußten sich die Schaulustigen halten, daß innerhalb der ganze Raum frei bleibe für die Fastnachtsspiele, sowie auch für die fremden Tänzer und Springer, welche ihr großes Seil ganz in der Mitte querüber vom Rathaus aufgespannt hatten, dergestalt, daß es an beiden Seiten gleich schräg herunterlief und hüben und drüben noch ein breiter Weg für den Maskenzug blieb.

Am Rathaus auf der großen Altane erhub sich ein Gezelt von safranfarbigem Samt mit golddurchwirkten Quasten, den gräflichen Wappen und prächtigen Bannern geschmückt. Den Eingang schützten sechs Hellebardierer aus der Stadtbürgerschaft. Es hingen aus den Fenstern aller Häuser bunte Teppiche heraus, und an den Schranken standen, gleichweit voneinander, grüne Tännlein aufgerichtet. Von den sechs Straßen am Markt waren viere bewacht: darin sah man die Tische gedeckt für das Volk, Garküchen und Schankbuden, wo nachher Bier und Wein gezapft wurde und fünfzig Keller- und Hofbartzefanten die Speisen empfingen.

Gegen dem Rathaus über sodann, am andern Ende des Markts, war der Spielleute Stand. Dieselben machten jetzo einen großen Tusch, denn aus der Gasse hinter ihnen nahete der Hof, nämlich Graf Eberhard mit dem von Hohenberg, dem Vater, das jüngst vermählte Paar wie auch des Grafen Sohn, Herr Ulrich, auf weißen, köstlich geschirrten Rossen, die Gemahlin des Grafen und andre hohe Frauen aber in Sänften getragen; zu deren beiden Seiten gingen Pagen und ritten Kavallerie hinterdrein.

Sobald die Herrschaften, vom Schultheiß gebührend empfangen und in das Rathaus geleitet, auf der Altane Platz genommen, einige vornehme Gäste jedoch an den Fenstern, begann sogleich der Mummenschanz.

In guter Ordnung kamen aus der Gasse an dem Rathauseck beim Brunnen mit dem steinernen Ritter so einzelne wie ganze Rotten aufgezogen.

Zum Anfang wandelte daher der Winter als ein alter Mann, den lichten Sommer führend bei der Hand, als eine hübsche Frau. Sie hatte einen Rosenkranz auf ihrem ungeflochtenen gelben Haar, ein Anäblein trug den Schlepp ihres Gewands samt einem großen Blumenstrauß, ein anderes trug ihm ein Kohlenbecken nach und einen dürren Dornbusch. Auf seinem Haupt und Pelz war Schnee vom Zuckerbäcken; sie raubte ihm bisweilen einen Bissen mit zierlichem Finger davon zur Letzung bei der Hitze, das er aus Geiz ihr gern gewehrt hätte.

Nun ritt der hörnene Siegfried ein mit einer großen Schar, auch der schreckliche Hagen und Volker.

Dann gingen zwanzig Schellennarren zumal an einer Leine, die stellten sich sehr weise an, da jeder blindlings mit der Hand rückwärts den Hintermann bei seiner Nase zupfen wollte; der letzte griff gar mühlich immer in der Luft herum, wo niemand mehr kam. Auf einem höllischen Wagen, gezogen von vier schwarzen Rossen, fuhr der Saufteufel, der Spielteufel und ihr Geschwisterkind, Frau Hoffart, mit zweien Korabellen, und hatten zum Fuhrmann den knöchernen Tod.

Jetzt segelte ein großes Schiff daher auf einem niederen Gestell; dies war mit wasserblauem Zeug bedeckt, und sah man daran keine Räder noch solche, die es schoben. Auf dem Verdeck stund der Patron, ein niederländer Kaufherr, welcher sich die fremde Stadt so im Vorüberziehn beschaute.

Dahinter kam ein Kropfiger und Knegler mit jämmerlichen dünnen Beinen und führte seinen wundersamen Kropf auf einem Schubkarren vor sich her mit Seufzen und häufigen Zähren, daß er der Ware keinen Käufer finde, und rief dem Schiffsherrn nach, sein Fahrzeug hänge schief und mangele Ballsts, er wolle den Kropf um ein Billiges lassen. Gar ehrlich beteuerte jener, desselben nicht benötigt zu sein; doch als ein mitleidiger Herr hielt er ein wenig an und gab dem armen Sotterer viel Trost und guten Rat: er möge seines Pfundes sich nicht äußern, vielmehr sein hüten und pflegen, es sollte ihm wohl wuchern, wenn er nach Schwaben führ auf Cannstadt zum ungeschaffenen Tag; es möge leicht für ihn den Preis dort langen. Da dankte ihm der arm Gansgalli tausendmal und fuhr gleich einen andern Weg; der Kaufmann aber schiffte weiter.

Mit andern Marktweibern ausländischer Mundart und Tracht kam auch ein frisches Bauermägdlein, rief: „Besen, liebe Frauen!l Besen feil!" - Sogleich erschien auf dem Verdeck des

Schiffs ein leichtfertiger Jüngling in abgerissenen Kleidern, eine lange Feder auf dem Hut und eine Laute in der Hand. Sein Falkenauge suchte und fand die Verkäuferin flugs aus dem Haufen der andern heraus, und zum Patron hinspringend, sagte er mit Eifer, in dieser Stadt sei er zu Haus, er habe gerade geschlafen und hätte schier die Zeit verpaßt; er wolle da am Hafendamm aussteigen, wofern der Patron es erlauben und ein wenig anlegen möchte. Der gute Herr rief dem Matrosen, es ward ein Brett vom Schiff ans Land gelegt, der Jüngling küßte dem Kaufmann die Hände mit Dank, daß er ihn mitgenommen, sprang hinüber und auf das Bauernmägdlein zu. Nun führten sie ein Lied selbander auf, dazu er seine Saiten schlug. Während desselben hielt der ganze Zug, und alles horchte still.

Grüß dich Gott, herzlieber Schatz,
Dich und deine Besen! -
Grüß dich Gott, du schlimmer Wicht!
Wo bist du gewesen? -

Schatz, wo ich gewesen bin,
Darf ich dir wohl sagen:
War in fremde Lande hin,
Hab' gar viel erfahren.

Sah am Ende von der Welt,
Wie die Bretter paßten,
Noch die alten Monden hell
All' in einem Kasten:

Sahn wie schlechte Fischtuch aus,
Sonne kam gegangen,
Tupft' ich nur ein wenig drauf,
Brannt' mich wie mit Zangen.

Hätt' ich noch ein' Schritt getan,
Hätt' ich nichts mehr funden.
Sage nun, mein Liebchen, an,
Wie du dich befunden!

In der kalten Wintersnacht
Ließest du mich sitzen:
Ach, mein' schwarzbraun Äugelein
Mußten Wasser schwitzen!

Darum reis' in Sommernacht
Nur zur all'r Welt Ende!
Wer sich gar zu lustig macht,
Nimmt ein schlechtes Ende.

Mit diesem Abschiedsgruß ließ sie ihn stehen. Er spielte, der
Dirne gelassen nachschauend, seine Weise noch vollends
hinaus, stieß sich den Hut aufs linke Ohr und lief hinweg.

Es traten ferner ein fünf Wurstelmaukeler. Das waren von alters her bei der Stuttgarter Fastnacht fünf Metzgerknechte, mit Kreuzerwürsten über und über behangen, daß man sonst nichts von ihnen sah. Sie hatten jeder über das Gesicht eine große Rindsblase gezogen, mit ausgeschnittenen Augen, das Haupt bekränzt mit einem Blunzenring. Wenn es nachher zur Mahlzeit ging, dann durften die Kinder der Stadt, für die kein Platz war an den Tischen, kommen und durfte sich jedes ein Würstlein abbinden, der Maukeler hielt still und bückte sich, wenn es nötig war; dazu wurden Wecken in Menge verteilt.

Noch gab es viel mutwillige und schöne Stampaneyen, deren ich ungern geschweige.

Nachdem der ganze Mummenschanz an den drei Seiten des Markts langsam heruntergekommen und links vom Rathaus abgezogen war, dem Hirschen zu, bestiegen die Springer und Tänzer das Seil.

Der Seppe war die ganze Zeit an seinem Platz verharrt, auch hatte er sich lang' nicht offenbar gemacht, doch endlich tat er dies auf schlaue Art, indem er sich geheim zur Erde bückte und sichtbarlich aufstand, dadurch es etwa denen, so zunächst an ihm gestanden, schien, als schlupfet' er unter den Planken hervor. Von wegen seiner edlen Kleidung wiesen ihn die Wärtel auch nicht weg, deren keiner ihn kannte; nur seine alten guten Freunde grüßten ihn von da und dort mit Winken der Verwunderung.

Der Seppe hatte bis daher alles und jedes, die ganze Mummerei, geruhig, obwohl mit unverwandtem Aug' und Ohr an ihm vorbeiziehen lassen. Wie aber jetzt die fremden Gaukler, lauter schöne Männer, Frauen und Kinder, in ihrer lüftigen Tracht ihre herrliche Kunst sehen ließen und ihnen jegliche Verrichtung, als Tanzen, Schweben, Sichverwenden, Niederfallen, Knien, so gar unschwer von statten ging, als wär' es nur geblasen, kam ihn auf einmal große Unruh an, ja ein unsägliches Verlangen, es ihnen gleich zu tun. Er merkte aber bald, daß solche Lust ihm von den Füßen kam, denn alle beede, jetzt zum erstenmal einträchtig, zogen und drängten ihn sanft mit Gewalt nach jenem Fleck hin, wo das Seil an einem starken Pflock am Boden festgemacht war und schief hinauflief bis an die vordere Gabel. Der Seppe dachte: Dieses ist nur wieder so ein Handel wie mit der Dreherei, und fiel ihm auch gleich ein, daß Meister Hutzelmann, auf dessen Geheiß er heut' die Glücksschuh alle zween anlegen müssen, das Lachen habe fast nicht bergen können. Er stieß die Zehen hart wider das Pflaster, strafte sich selbst mit innerlichem Schelten ob solcher törichten, ja gottlosen Versuchung und hielt sich unablässig vor im Geist Schmach, Spott, Gelächter dieser großen Menge Menschen, dazu Schwindel, jähen Sturz und Tod, so lang' bis ihm der Siedig auf der Haut ausging und er seine Augen hinwegwenden mußte.

Nun aber zum Beschluß der Gauklerkünste erschien in Bergmannshabit, mit einer halben Larve vorm Gesicht, ein neuer Springer, ein kleiner stumpiger Knorp; der nahte sich dem Haupt der Tänzer, bescheidentlich anfragend, ob ihm vergönnt sei, auch ein Pröblein abzulegen. Es ward ihm mit spöttischer Miene verwilligt, und alsbald beschritt er das Seil, ohne Stange.

Er trug ein leines Säcklein auf dem Rücken, das er an eines der gekreuzten Schlaghölzer hing, dann prüfte er mit einem Fuß die Spannung, lief vor bis in die Mitte und hub jetzt an so wunderwürdige und gewaltige Dinge, daß alles, was zuvor gesehen war, nur Stümperarbeit schien. Kopfunter hing er plötzlich, der kurze Zagstock, an dem Seil herab und hangelte sich so daran vorwärts und auf das behendeste und wiederum zurück, schwang sich empor und stand bolzgrad, fiel auf sein Hinterteil: Da schnellte ihm das Seil hinauf mit solcher Macht, daß er dem Rathausgiebel um ein kleines gleichgekommen wär', und dennoch kam er wieder jedesmal schön auf demselben Fleck zu stehen und zu sitzen. Zuletzt schlug er ein Rad von einem End des Seils zum andern, das ging - man sah nicht mehr, was Arm oder Bein an ihm sei! So oft auch schon seit dreien Stunden der Beifallsruf erschollen war, solch ein Gejubel und Getöbe, wie über den trefflichen Bergmann, war noch nicht erhört. Die Gaukler schauten ganz verblüfft darein, fragten und rieten untereinander, wer dieser Satan wäre, indes die andern Leute alle meinten, dies sei nur so ein Scherz, und das Männlein gehöre zu ihnen. Hanswurst insonderheit stand als ein armer, ungesalzener Tropf mit seinem Gugel da: sein Possenwerk war alles Leiresblosel neben solchem Meister, ob dieser schon das Maul nicht dabei brauchte.

Nachdem der Bergmann so geendigt und sich mit unterschiedlichen Scharrfüßen allerseits verneigt, sprang er hinab aufs Pflaster. Auf seinen Wink kam der Hanswurst mit Schalksehrfurcht zu ihm gesprungen, fing einen Taler Trinkgeld auf in seinem spitzigen Hut und nahm zugleich, höflich das Ohr zu dem Männlein neigend, einen Auftrag hin, welchen er gleichbald vollzog, indem er rund herum mit lauter Stimme rief: „Wer will von euch noch, liebe Leut', den hänfenen Richtweg versuchen? Es ist ein jeder freundlich und sonder Schimpf und Arges eingeladen, wes Standes und Geschlechts er sei, das Säcklein dort am Schragen für sich herabzuholen. Es sind drei Hutzellaib darin. Er möge aber, rat' ich ihm, in der Geschwindigkeit sein Testament noch machen - des Säckleins wegen, mein' ich nur - denn der Geschickteste bricht oftmals den Hals am ersten; es ist mir selbst einmal passiert, in Bamberg auf dem Domplatz - ja lacht nur!"

Jetzt aber, liebe Leser, möget ihr euch selbst einbilden, was für Gemurmel, Staunen und Schrecken unter der Menge entstund, als der Seppe vortrat bei den Schranken und sich zu dem Wagestück anschickte! Mehr denn zehn Stimmen mahnten eifrig ab, ernsthafte Männer, mancher Kamerad, zumal einige Frauen setzten sich dawider: allein der Jüngling, dem der Mut und die Begier wie Feuer aus den Augen witterte, sah fast ergrimmt und achtete gar nicht darauf.

Hanswurst sprang lustig herzu mit der Kreide, rieb ihm die Sohlen tüchtig ein und wollt' ihm die Bleistange reichen; doch wies der Gesell sie mit Kopfschütteln weg. Bereits aber wurden die Dienste des Narren am andern Ende des Seils auch nötig. Denn zum größten Verwundern der Zuschauer trat dort auch eins aus den Reihen hervor: man wußte nicht, sei es ein Knabe oder eine Dirne. Es trug ein rosenrotes, weißgeschlitztes Wams von Seiden zu dergleichen lichtgrünen Beinkleidern samt Federhut und hatte eine feine Larve vor.

Die Spielleute, Bläser und Pauker, die Gaffens wegen ihres Amtes gar vergessend saßen, griffen an und machten einen Marsch, nicht zu gemach und nicht zu flink, nur eben recht. Da traten die beiden zugleich auf das Seil, das nicht zu steil anstieg, setzten die Füße fest und zierlich einen vor den andern, vorsichtig, doch nicht zaghaft, die freien Arme jetzt weit ausgereckt, jetzt schnelle wieder eingezogen, wie es eben dem Gleichgewicht diente.

Kein Laut noch Odemzug ward unter den tausend und tausend Zuschauern gehört, ein jedes fürchtete wie für sein eigen Leben; es war, als wenn jedermann wüßte, daß sich dies Paar jetzo das erstemal auf solche Bahn verwage.

Die junge Gräfin bedeckte vor Angst das Gesicht mit der Hand; dem Grafen selber, ihren Vater, den eisenfesten Mann, litt es nicht mehr auf seinem Sitz; gar leise stand er auf. Auch die Musik ging stiller, wie auf Zehen, ihren Schritt, ja, wer nur acht darauf gegeben hätte, der Rathausbrunnen mit seinen vier Rohren hörte allgemach zu rauschen und zu laufen auf, und der steinerne Ritter krümmte sich merklich. - - - „Nur stet! nur still! drei Schritt noch und – Juchhe!" scholl's himmelhoch: das erste Ziel war gewonnen! Sie faßten beiderseits zumal, jedes an seinem Ort, die Stangen an, verschnauften, gelehnt an die Gabel.

Der unbekannte Knabe wollte sich die Stirne wischen mit der Hand, uneingedenk der Larve: da entfiel ihm dieselbe zusamt dem Hut und – ach! ein Graus für alle Gefreundete, Vettern und Basen, Gespielen, Bekannte, so Buben als Mädchen - die Vrone ist's! „Die Vrone Kiderlen, einer Witwe Tochter von hier!" so ging's von Mund zu Mund. „Ist es denn eine Menschenmöglichkeit ?" rief eine Bürstenbindersfrau. „Das Vronele, meiner nächsten Nachbarin Kind ? Je! Gott sei Dank, bärig vor einer halben Stund' ist ihre Mutter heim - es ward ihr übel schon über den vorigen Künsten - und jetzt das eigne Kind - der Schlag hätt' sie gerührt, wenn sie das hätte sehen sollen!" Schon erhoben sich wiederum Stimmen im Kreis, noch lauter als vorhin beim Seppe, mit Drohen, Bitten und Flehn an die Dirne, nicht weiter zu gehen. Sie aber, ganz verwirrt, flammrot vor Scham, nicht wissend selbst, wie ihr geschehn, wie sie's vermocht, stand da, wie am Pranger, die Augen schwammen ihr, und ihre Knie zitterten. Ein Mann lief fort, eine Leiter zu holen.

Derweil war aber schon der flinke Bergmann an der andern Seite zum Seppe auf das Seil gekommen und hatte ihm etwas ins Ohr geraunt, worauf der ungesäumt den linken Schuh abzog und seiner Partnerin mutig die Worte zurief: „Komm, Vrone, es hat keine Not! Trau auf mein Wort, faß dir ein Herz und tu mit deinem rechten Schuh, wie du mich eben sahst mit meinem linken tun, und wirf ihn mir keck zu! Sie folgte dem Geheiß, mit Lächeln halb und halb mit Weinen, warf da flog der Schuh dem Burschen wie von selber an seinen ausgestreckten Fuß. Nun warf er ebenfalls, und ihr geschah dasselbe.

„Jetzt, Vrone, mir entgegen! Es ist nur, bis ich dich einmal beim kleinen Finger habe, und wenn du mit der Patschhand einschlägst, dann soll es mir und dir etwas Gutes bedeuten! Frisch dran, ihr Spielleut, macht uns auf, und einen lustigen!"

Das fehlte nicht. Die vier Füße begannen sich gleich nach dem Zeitmaß zu regen, nicht schrittweis wie zuvor und bedächtig, vielmehr im kunstgerechten Tanz, als hätten sie von klein auf mit dem Seil verkehrt, und schien ihr ganzes Tun nur wie ein liebliches Gewebe, das sie mit der Musik zustand zu bringen hätten. Von nun an waren alle Blicke sorglos und wohlgefällig auf das hübsche Paar gerichtet und gingen immer von einem zum andern. Der Mann auf dem Brunnen hatte längst wieder den Atem gefunden und das Wasser sprang aus den vier Rohren noch einmal so begierig als sonst. Auf jedem Mädchenantlitz, unten auf dem Platz und oben in den Fenstern, war aber recht der Widerschein der Anmut zu erblicken, die man vor Augen hatte. Kein Kriegsmann war so trutzig und kein Graubart von der Ratsherrnbank so ernsthaft und gestreng, daß ihm das Herz dabei nicht lachte, und die Handwerksgesellen der Stadt waren stolz, daß einer von den Ihren vor all den fremden Gästen so herrlichen Ruhm davontrage.

Der Seppe sah im Tanz nicht mehr auf seinen schmalen Pfad noch minder nach den Leuten hin: er schaute allein auf das Mädchen, welches in unverstellter Sittsamkeit nur je und je seine Augen aufhob.

Als beide in der Mitte jetzt zusammenkamen, ergriff er sie bei ihren Händen. Sie standen still und blickten sich einander freundlich ins Gesicht; auch sah man ihn ein Wörtlein heimlich mit ihr sprechen. Danach auf einmal sprang er hinter sie und schritten beide, sich im Tanz den Rücken kehrend, auseinander. Bei der Kreuzstange machte er Halt, schwang seine Mütze und rief gar herzhaft: „Es sollen die gnädigsten Herrschaften leben!" - Da denn der ganze Markt zusammen Vivat rief, dreimal, und einem jeden Teil besonders. Inwährend diesem Schreien und Tumult unter dem Schall der Zinken, Pauken und Trompeten lief der Seppe zur Vrone hinüber, die bei der andern Gabel stand, umfing sie mit den Armen fest und küßte sie vor aller Welt.

Das kam so unverhofft und sah so schön und ehrlich, daß manchem vor Freude die Tränen los wurden, ja die liebliche Gräfin erfaßte in jäher Bewegung den Arm ihres Mannes und drückt' ihn an sich. Nun wandte sich die Vrone, und unter dem Jauchzen der Leute, dem Klatschen der Ritter und Damen wie hurtig eilte sie mit glutroten Wangen das Seil hinab! der Seppe gleich hinter ihr drein, das leinene Säcklein mitnehmend.

Kaum daß sie wiederum auf festem Boden waren, kam schon ein Laufer auf sie zu und lud sie ein, auf die Altane zu kommen, das sie auch ohnedem zu tun vorhatten.

Sämtliche hohe Herrschaften empfingen sie im Angesicht des Volks mit Glückwünschen und großen Lobsprüchen, dabei sie sich mit höflicher Bescheidung annoch alles weiteren Fragens enthielten, indem sie zwar nicht zweifelten, daß es mit dem Gesehenen seine besondere Bewandtnis haben müsse, doch aber solchem nachzuforschen nicht dem Ort und der Zeit gemäß hielten. Der Seppe nahm bald der Gelegenheit wahr, ein wenig rückwärts der Gesellschaft den zwilchenen Sack aufzumachen, nahm die Laiblein heraus und legte sie, höfischer Sitte unkundig, nur frei auf die Brüstung vor die Frau Gräfin Mutter als eine kleine Verehrung für sie, vergaß auch nicht dabei zu sagen, daß man an diesem Brot sein ganzes Leben haben könne. Sie bedankte sich freundlich der Gabe, obwohl sie, des Gesellen Wort für einen Scherz hinnehmend, den besten Wert derselben erst nachderhand erfuhr. Dann zog er sein Geschenk für den erlauchten Herrn heraus. Wie sehr erstaunte dieser nicht bei der Eröffnung der Kapsel! und aber wieviel mehr noch, als er das goldene Büchslein aufschraubte! Denn er erriet urplötzlich, was für ein Zahn das sei, bemeisterte jedoch in Mienen und Gebärden Verwunderung und Freude. Er wollte den Gesellen gleichwohl seines Danks versichern, tat eben den Mund dazu auf, als an der andern Seite drüben der schönen Irmengard ein Freudenruf entfuhr, daß alles auf sie blickte. Die Vrone nämlich hatte ihr ein kleines Lädlein dargebracht, worin die verlorene Perlenschnur lag. (Der kluge Leser denkt schon selbst, wer früh am Morgen heimlich bei der Dirne war.) Nicht aber könnte ich beschreiben das holde Frohlocken der Dame, mit welchem sie den Schmuck ihrem Gemahl und den andern der Reihe nach wies. Er war unverletzt, ohne Makel geblieben, und jedermann beteuerte, so edle große Perlen noch niemals gesehen zu haben. Nunmehr verlangte man zu wissen, was Graf Eberhard bekam.

„Seht an!" sprach er, „ein Reliquienstück, mir werter als manch köstliche Medey an einer Kleinodschnur: des Königs Salomo Zahnstocher, so er im täglichen Gebrauch gehabt. Mein guter Freund, der hochwürdige Abt vom Kloster Hirschau, sendet ihn mir zum Geschenk. Er soll, wenn man bisweilen das Zahnfleisch etwas damit ritzet, den Weisheitszahn noch vor dem Schwabenalter treiben.

Da wir für unsere Person, so Gott will, solcher Fördernis nicht mehr bedürfen, so denken wir dies edle Werkzeug auf ausdrücklich Begehren hie und da in unserer Freundschaft hinzuleihen, es auch gleich heut', da wir etliche Junker zu Gast haben werden, bei Tafel mit dem Nachtrunk herumgehen zu lassen." - So scherzte der betagte Held, und alles war erfreut, ihn so vergnügt zu sehen.

Jetzt wurde den Bürgern das Zeichen zum Essen gegeben. Für jede Gasse, wo gespeist ward, hatte man etliche Männer bestellt, welche dafür besorgt sein mußten, daß die Geladenen in Ordnung ihre Sitze nahmen. Solang, bis dies geschehn war, pflogen die Herren und Damen heiteren Gesprächs mit dem Gesellen und der Vrone. Ein Diener reichte Spanierwein in Stotzengläsern, Hohlippen und Krapfen herum, davon die beiden auch ihr Teil genießen mußten. „Ihr seid wohl Bräutigam und Braut?" frug die Frau Mutter. - „Ja, Ihro Gnaden," sprach der Seppe, „dafern des Mächens Mutter nichts dawider hat, sind wir's seit einer halben Stunde." - „Was?" rief der Graf, „ihr habt euch auf dem Seil versprochen ? Nun, bei den Heiligen zusammen, der Streich gefällt mir noch am allerbesten! So etwas mag doch nur im Schwabenland passieren. Glückzu, ihr braven Kinder! Auf einem Becher lieset man den Spruch: Lottospiel und Heiratstag Ohn' groß' Gefahr nie bleiben mag. Ihr nun, nach solcher Probe, seid quitt mit der Gefahr euer Leben lang." - Dann sprach er zu seinem Gemahl und den andern: „Jetzt laßt uns in die Gassen gehn, unsern wackeren Stuttgarter Bürgern gesegnete Mahlzeit zu wünschen! darauf wollen wir gleichfalls zu Tisch. Das Brautpaar wird dabei sein; hört ihr ? Kommt in das Schloß zu uns! Ihr habt Urlaub auf eine Stunde; das mag hinreichen, euch den mütterlichen Segen zu erbitten; wo nicht, so will ich selbst Fürsprecher sein."

Begehrt nun der Leser noch weiteres zu wissen, als da ist: wie sich das Brautpaar heimgefunden? ob sie von Freunden und Neugierigen nicht unterwegs erdrückt, zerrissen und gefressen worden ? was Mutter Kiderlen und was die Base sagte? wie es denn bei der gräflichen Tafel herging? auch was nachher der Graf mit dem Seppe besonders verhandelt und so mehr - so würde ich bekennen, daß meine Spule abgelaufen sei bis auf das wenige, das hier nachfolgt.

Am Markt gegen dem Adler über sieht man dermalen noch ein merkwürdiges altes Haus, vornher versehen mit drei Erkern, davon ein paar auf den Ecken gar heiter wie Türmlein stehn mit Knöpfen und Windfahnen, hüben und drüben unterhalb der Eckvorsprünge zwei Heiligenbilder aus Stein gehauen, je mit einem kleinen Baldachin von durchbrochener Arbeit gedeckt: Maria mit dem Kind samt dem jungen Johannes einerseits und St. Christoph, der Riese, andrerseits, wie er den Knaben Jesus auf seiner Schulter über das Wasser trägt, einen Baumstamm in der Faust zum Stab. Dies Haus - in seinen Grundfesten samt dem Warengewölb vermutlich noch dasselbige - gehörte von Voreltern her dem Grafen eigentümlich und ward von ihm auf jenen Tag unserem Schuster in Erkenntlichkeit für seine kostbare Gabe und zum Beweis besonderer Gnade als freie Schenkung überlassen, nebst einem Teil des inbefindlichen Hausrats, welchem der Graf schalkhafterweise noch einen neuen Schleifstein mit Rad beifügte. Die Vrone bekam von den gnädigen Frauen einen künstlich geschnitzten Eichenschrank voll Linnenzeug zu ihrer Aussteuer.

Am Hochzeittag gaben sich beide das Wort, ihre Glücksschuh zwar zum ewigen Gedächtnis dankbar aufzuheben, doch nie mehr an den Fuß zu bringen, indem sie alles hätten, vornehmlich aneinander selbst, was sie nur wünschen könnten, auch überdies hofften, mit christlichem Fleiß ihr Zeitliches zu mehren.

Der Seppe, jetzt Meister Joseph geheißen, blieb seinem Gewerbe getreu noch über achtundzwanzig Jahr; dann lebte er

als ein wohlhabender Mann und achtbarer Ratsherr, mit
Kindern gesegnet, seine Tage in Ruh mit der Vrone.

Unter seinen Hausfreunden war einer, man hieß ihn den Datte,
der kam an jedem dritten Samstagabend auf ein Glas Wein
und einen guten Käs zu ihm mit dem Beding, daß niemand
sonst dabei sei als die liebwerte Frau und die Kinder (diese
hatte er gern, und sie taten und spielten als klein mit ihm, wie
wenn er ihresgleichen wäre). Da ward alsdann geschwatzt von
Zunftgeschäften und von den alten Zeiten, ingleichen gern von
einem und dem andern ein starker Schwank erzählt. Derselbe
Hausfreund brachte den werten Eheleuten an ihrem goldenen
Jubeltag ein silbernes Handleuchterlein, vergoldet, in Figur
eines gebückten Männleins, so einen schweren Stiefel auf dem
Haupte trägt und einen Laib unter dem Arm. Rings aber um
den Fuß des Leuchters waren eingegraben diese Reime:

Will jemand sehn mein frazzengsicht,
ich halt ihm selbs darzu das licht.
mich kränket nur daß noch zur stund
mich geküßt kein frauenmund.
die mir allein gefallen hat
ein cron und schaufalt dieser stadt

hab ich vor funfzig jaren heunt
müeßen lassen meinem freund.
zum datte hant sie mich erkorn
zu schlichten zwilauf hadder zorn.
deß gieng ich müeßig all die jar
mag es auch bleiben immerdar.

Kapitel 6, Schlusswort

Und nun, mein Leser, liebe Leserin, leb' wohl! Deucht dir etwa,
du habest jetzt genug auf eine Weile an Märchen: wohl, ich
verspreche, dergleichen sobald nicht wieder zu Markte zu
bringen; gefiel dir aber dieser Scherz, will ich es gleichwohl also
halten. Es gelte, wie geschrieben steht zum Schluß des andern
Buchs der Makkabäer: „Allezeit Wein oder Wasser trinken ist
nicht lustig, sondern zuweilen Wein, zuweilen Wasser trinken,
das ist lustig"; also ist es auch lustig, so man mancherlei lieset.
Das sei das Ende!

Inhaltsverzeichnis